CONSIDERATIONS
SVR
L'ELOQVENCE
FRANÇOISE,
DE CE TEMS.

A PARIS,

Chez SEBASTIEN CRAMOISY, Imprimeur
ordinaire du Roy, ruë sainct Iacques,
aux Cicognes.

M. DC. XXXVIII.
AVEC PRIVILEGE DE SA MAIESTE.

A MONSEIGNEVR L'EMINENTISSIME CARDINAL DVC DE RICHELIEV.

ONSEIGNEVR,

Le fauorable traittement qu'ont receu de VOSTRE EMINENCE *deus ou trois petits Traitez, que i'ai desia pris la hardiesse de lui dédier, m'oblige de telle sorte, que ie ne me puis abstenir d'vser en-*

á ij

core de la mesme liberté pour celui-cy, & de rechercher en vous rendant mes respects vne si auantageuse approbation. Il n'y a, ce me semble, que ceus qui donnent par eslection, & par vn chois exempt de toute obligation, qu'on puisse dire estre tenus d'obseruer de l'égalité entre leur present & la personne à qui ils le font. Les autres qui offrent comme moi par deuoir ce peu qu'ils possedent, trouuent leur excuse dans l'estat de leur fortune; & les Grands ont accoustumé d'imiter l'Ocean, qui reçoit aussi bien le tribut d'vn petit ruisseau, que celui du Gange ou du Danube. I'auoüe que vos seules vertus heroïques m'ont autrefois donné l'ambition de mettre voſtre nom glorieus au deuant de quelques fueilles que i'expoſois au public; & ie puis dire que c'eſtoient des ſacrifices ſemblables à ceus que faiſoient les Atheniens à vne diuinité inconnuë. Mais il n'en eſt pas de meſme à preſent, que pluſieurs choſes concurrent, & ſemblent m'impoſer la neceſſité de vous preſenter ce diſcours, où i'oſe parler de l'Eloquence de ce tems ſur les principes des premiers Orateurs de l'antiquité. Car pour ſupprimer en vous obeïſſant mes plus grands reſſentimens, à qui puiſ-je addreſſer mon trauail plus raiſonnablement, qu'à celui qui dans vne parfaite connoſſance de ce que les Grecs & les Latins ont eu d'artifice au parler, poſſede

ã iij

toutes les graces de nostre langue. Et de qui dois-ie attendre vne plus puissante protection, que de celui dont les escrits & la viue vois nous ont fourni les principaus ornemens de nostre Eloquence, aussi bien que de nostre Morale; nous donnant tant pour le bien dire que pour le bien viure les meilleurs preceptes que nous ayons. Il y a bien plus, Monseignevr, pour ce que ie n'ai rien dit dans tout cét ouurage de l'Eloquence animée de l'action, i'ai creu satisfaire aucunement à ce qui estoit au dessus de mes forces par l'inscription de vostre grand nom, qui cóntient en soy ce que Quintilien disoit de celui de Ciceron, nous apprenant que de son tems il n'étoit plus le nom d'vn homme, mais bien de cette diuine Eloquence, dont il nous a laiſſé vne ſi belle idée. Ceus qui ſeront aſſez heureus pour ſe pouuoir repreſenter l'agreable ton de vos paroles, les mouuemens reglez de toute voſtre perſonne, & le reſte des graces qui ont touſiours accompagné ces diſcours immortels, que vous auez ſi ſouuent prononcez auec admiration dans les plus notables Aſſemblées de la France, n'auront pas beſoin de preceptes pour ce regard; & il ſuffit qu'ils en reçoiuent vn de moi qui comprent en ſoi tous ceus de la Rhetorique, de ſe mettre touſiours vôtre belle image deuant les yeus, s'ils veulent ſuiure vn modéle parfaitement accompli. J'aurois donc fait une faute notable, si ie ne vous auois dedié ce Traité de l'Eloquence, qui doit à la vostre tout ce qu'il peut contenir de considerable; imitant ces hommes champestres qui offroient au Soleil les fruits dont il estoit le principal producteur. Si VOSTRE EMINENCE daigne regarder de bon œil mon present, tout rustique qu'il est, ie ne doute point qu'une si douce influence ne fasse trouuer de bon goust aus plus difficiles ce qu'il contient; & i'aurai pris cét auantage sur les plus ennemis, s'il s'en rencontre, de leur auoir mis au visage des raions qui les esbloüiront. C'est une grace que i'attends de vostre bonté, MONSEIGNEVR, *vous suppliant de vous souuenir en ma faueur, que ce n'est pas vne moindre action de prendre volontiers de petits presens, que d'en refuser, ou mesmes d'en donner de tres-grands. Et ie demeure,*

MONSEIGNEVR,

Voſtre tres-humble, tres-obeïſſant,
& tres-obligé ſeruiteur,
D. L. M. L. V.

Extraict du Priuilege du Roy.

PAr Grace & Priuilege du Roy il est permis à Sebaſtien Cramoiſy, Marchand Libraire Iuré en l'Vniuerſité de Paris, & Imprimeur ordinaire du Roy, d'imprimer, ou faire imprimer vn liure intitulé, *Conſiderations ſur l'Eloquence Françoiſe de ce tems, &c.* & ce pendant le temps & eſpace de cinq années conſecutiues. Auec defenſes à tous Libraires & Imprimeurs d'imprimer ou faire imprimer ledit liure, ſous pretexte de déguiſement, ou changement qu'ils y pourroient faire, à peine de confiſcation, & de l'amende portée par ledit Priuilege. Donné à Paris le ſeizieſme Octobre, mil ſix cens trente huict. Et du Regne de ſa Majeſté le vingt-neuf.

Signé, Par le Roy en ſon Conſeil,

VICTON. & ſcellé.

CONSIDERATIONS SVR L'ELOQVENCE FRANCOISE DE CE TEMS.

SI c'estoit vne chose absolumét necessaire d'estre parfaitement eloquent pour parler de l'Eloquence, i'auouë que ie ferois paroistre trop de temerité d'entreprendre ce discours. Il faut plus de naturel que ie n'en ai pour aspirer à la gloire du bien dire ; & l'austerité de mes estudes m'ayant toûjours plus porté à la connoissance des choses, qu'à l'ornement du langage, ne m'a pas formé le stile propre à vn si haut dessein. Mais puisque nous voions tous les iours, que beaucoup de personnes sans auoir iamais tenu le pinceau, ne laissent pas de parler fort pertinemment de la peinture. Et qu'il y a des peres de famille, qui ne discourent pas moins à propos que les Architectes de l'ordre d'vn bastiment, bien qu'ils n'aient iamais mis la main à l'œuure. Pourquoy ne seroit-il pas permis à vn homme de traitter de l'art du discours, sans estre Orateur; & de dire son opinion de l'Eloquence de son tems, bien qu'il ne le face pas auec toute la pompe & toutes les graces que ceus du mestier y pourroient apporter. C'est d'ailleurs vne chose qui me doit estre bien plustost pardonnée, en ce que ie ne pretens pas de donner icy la figure d'vn parfait Orateur François, comme quelques-vns ont fait apres les Grecs & les Romains; ni d'enseigner tous les preceptes de la Rhetorique à l'exemple d'Hermogene, de Quintilien, & d'assés d'autres qui s'en sont d'autant mieus acquittés qu'ils excelloient en ceste profession. Mon intention est de dire simplement ce que ie pense du langage d'auiourd'huy, de communiquer au public quelques reflexions que i'ay fait sur ce suiet, & d'exposer mes sentimens au iugement de ceus qui les peuuent corriger, s'ils ne les approuuent. On ne doit pas trouuer plus estrange que ie me dispense de parler de l'Eloquence en aiant si peu, que quand vn Orateur entreprent de discourir de certaines choses dont il n'a pas vne fort profonde con-noissance. Et neantmoins Cice-ron lui permet de le faire, & lui ose mesmes promettre vne glorieuse issuë de son entreprise. Il remarque sur ce propos qu'Aratus tout ignorant qu'il estoit de l'Astrologie, par le commun consentement des hommes sçauans, ne laissa pas de faire vn tres-excellent poëme du Ciel & des Estoiles. Et que Nicandre qui n'auoit iamais pratiqué la vie champestre, l'a neanmoins tres-bien descritte en ses vers, qui n'ont rien de rustique que la matiere dont ils traittent. Nous pouuons adiouster l'exemple de Cornelius Celsus, que nous sçauons auoir exercé son stile auec reputation en toute sorte d'arts, bien qu'il ne les peust pas tous

Lib. 1. de Orat.

posseder dans la perfection, veu mesmement que Quintilien le qualifie vn homme de fort mediocre esprit. Ce n'est donc pas vne chose nouuelle, ni qu'on doiue tout à fait condamner en ma personne, d'auoir osé escrire de nostre Eloquence en estant si dépourueu, puis qu'en cas semblables il n'a pas mal reüssi à tant d'autres; & qu'il n'est pas d'ailleurs inconuenient qu'on parle raisonnablement d'vne science, encore qu'on n'ait pas le don d'en bien pratiquer toutes les regles. Ceus qui discourent le mieus de la disposition des armées, & des differentes functions militaires, ne sont pas souuent les plus grands hommes de guerre, & qui témoignent le plus de valeur dans les combats. Et on a remarqué de Galien, que

Lib. 12. Instit. c. 11.

ce grand Genie de la Medecine, & qui a si doctement escrit sur toutes ses parties, ne reüssissoit pas souuent dans l'exercice de son art, & guarissoit beaucoup moins de malades qu'vn Thessalus son aduersaire, dont tout le sçauoir ne consistoit qu'en quelques experiences. Tant il est vrai que ce sont des parties d'esprit differentes, & qui ne se trouuent pas tousiours en vn mesme sujet, celle qui donne les lumieres de la science, & celle qui nous rent propres aus operations. Le mesme peut arriuer en l'art Oratoire, qu'en celui de la Milice, ou de la Medecine, & que tel homme dira fort bien toutes les lois qu'on doit obseruer dans vne piece d'Eloquence, qui se trouuerra neanmoins defectueus dans l'vsage s'il s'y applique, pouuant donner aus autres ce qu'il n'a pas, comme ceste pierre qui fait trencher le fer, bien qu'elle n'ait rien qui couppe d'elle-mesme.

Or pour ne pas contrevenir au symbole Pythagorique qui defent de parler sans lumiere, c'est à dire, à mon auis, sans ordre & sans methode, puis qu'il n'y a rien qui donne tant d'obscurité à vn discours que la confusion, ie commencerai pour m'en eslongner le plus que ie pourrai par le plan de ce petit ouurage. Et premierement ie declare que ie ne dirai rien icy de ceste eloquence animée de la vois, & de l'action, qui donnoit de si grands auantages à Hortensius, & à Demosthene, qu'on a dit des ouurages de ce dernier, que la meilleure partie de Demosthene ne s'y trouuoit pas. Aussi est-ce le mesme qui

Iamblichus c. 23. & uls.

a tant attribué à l'action, qu'apres lui auoir baillé le premier rang entre les choses qui pouuoient ren-
Cic. 3. de Orat. dre vn Orateur parfait, il lui donna encore le second & le troisiesme lieu, voulant dire que tout le reste comparé à l'action lui sembloit de fort peu de consideration. Ce n'est pas qu'il n'y ait eu de grands Orateurs qui ont beaucoup plus paru par leurs escrits, que par ce qu'ils prononçoient en public. Isocrate entre autres est remarqué par
12 instit. cap. 10. Quintilien pour auoir esté incomparablement meilleur Escriuain que Declamateur, ou, selon qu'en
In iud. de Isocr. parle Denis d'Halicarnasse, plus propre à estre leu, qu'à estre entendu de viue vois. Au contraire de Demades, & de Pericles, dont le bien dire a esté admiré, quoi qu'ils ne se fussent iamais peu appliquer

à mettre la main à la plume. Tant y a que laissant aus maistres de l'art tout ce qui regarde ceste eloquence du corps, comme l'appelle Ci-ceron, qui consiste au geste, à la vois, & au mouuement de toute la personne, ie ne traitterai icy que de ceste autre eloquence muette, & priuée de toute action, qui semble estre par là beaucoup inferieure à la premiere, bien qu'en effet ce ne soit essentiellement qu'vne mesme eloquence, & que suiuant l'opinion de Quintilien le bien parler & le bien escrire ne soient, si on y prent garde, qu'vne mesme chose. Car comme la parole est l'image de nostre discours interieur, d'où vient que les Grecs expliquent l'vn & l'autre par vn mesme mot, nos escrits nous representent tous les deus; & par con-

Lib. 3. de Orat. & in Orat.

Lib. 12. cap. 10.

λόγος

sequent si nos pensées sont bien conceuës, & si nostre langage est eloquent, ce que nous escrirons le sera de mesme, n'y pouuant auoir de difference autre, qu'accidentelle en ce qui touche les petites circonstances qui accompagnent l'action. Mais ce n'est pas assez d'auoir remarqué que ie me restreindrai dans l'Eloquence des liures, i'adiouste qu'au lieu de suiure le train des Escholes, qui me meneroit plus loin que ie ne veus aller, ie reduirai tout ce que i'ai à dire sur ce suiet sous trois principaus articles. Le premier sera des mots, ou dictions nuës, dont le corps de nostre langue est composé. Le second des periodes, qui se font de ces mots assemblez pour expliquer quelque conception. Et le troisiesme de ce qui concerne vne piece entiere, & vne Oraison complette, qui a ie ne sçai quoi de considerable en son tout, outre ce qui peut estre obserué dans ses parties. Surquoi ie suis obligé d'auertir qu'encore que les Professeurs de Rhetorique entendent quelquesfois par le mot d'Oraison vn des membres de la periode, qui peut contenir en ce sens plusieurs oraisons, nous ne prendrons neanmoins en tout ce discours l'Oraison qu'en sa plus grande estenduë, & pour vne composition parfaite, afin d'éuiter la confusion qui pourroit venir de ceste double signification. En tout cela mon dessein n'est autre, que de profiter à ceus qui peuuent estre touchez de la mesme curiosité que i'ai euë en faisant les obseruations que ie leur communiquerai ; & d'en tirer moi-mesme l'instruction que ie cherche, me confirmant en l'opinion des choses qui seront approuuées, & me departant de celles qui auront vne plus mauuaise fortune. Ie laisse la gloire entiere à ceus qui ont assez de suffisance pour nous donner vne Rhetorique Françoise, de la valeur des Grecques, & des Latines. Quant à moi qui reconnois ma foiblesse, ie penserai auoir beaucoup fait, si ie m'acquitte de ce peu à quoi ie me viens d'obliger. Cleanthe & Chrysippe se meslerent autrefois d'escrire des Rhetoriques, mais ce fut de telle sorte, dit Ciceron en riant, qu'il ne falloit que s'amuser à les lire, si on vouloit bien-tost apprendre à se taire, *Scripsit artem Rhetoricam Cleanthes, Chrysippus etiam, sed sic, vt si quis obmutescere concupierit, nihil aliud legere debeat.* Quelle

4. de Fin.

temerité seroit la mienne d'entreprendre ce qui succeda si mal à deux personnages de telle reputation ? Contentons-nous donc de ce qui a plus de proportion auec nos forces, & pour cét effet commençons par la premiere partie de nostre distribution qui regarde la diction.

Encore qu'il semble que ce soit plus le fait d'vn Grammairien que d'vn Orateur de considerer les mots nuëment, à cause que c'est la Grammaire qui nous apprent à parler, & la Rhetorique à discourir, d'où vient que tant de personnes parlent, & que fort peu discourent comme il faut. Neanmoins soit que les sciences empruntent les vnes des autres, soit que leur difference n'empesche pas qu'elles ne puissent s'occuper sur

Multi loquuntur, pauci dicũt.

vn mesme suiet le regardant diuersement, il est certain que tous ceus qui ont escrit de l'art du bien dire, se sont tousiours emploiés à donner des regles, & à establir des maximes qui concernent le chois des mots, & l'vsage des paroles. En effect la bonté de la diction est comme le fondement de toute l'Eloquence, & celui-là ne rencontra pas mal, qui dit que les paroles ressembloient aus vestemés, qu'on auoit bien inuentés pour la necessité, mais qui seruoient depuis tellement à l'ornement, qu'on en faisoit dependre toute la bienseance. C'est pourquoi comme les hommes qui veulent estre proprement vestus, mettent leur premier soin à choisir de belles estoffes, & qui soient à la mode, sans quoi le reste de leur curiosité seroit comme inutile. Il faut aussi que ceus qui pretendent à l'Eloquence, facent leur premiere estude de la valeur des mots, & de la pureté des dictions, pour sçauoir celles dont ils se peuuent seruir, & celles qui doiuent estre reiettées comme n'estant plus en vsage. Car c'est vne des premieres regles que donnent les maistres de ceste profession, d'euiter comme vn escueil toutes les paroles inusitées, & de les considerer pour estre de la nature des pieces de monnoie, dont il ne se faut iamais charger si elles n'ont cours, & que le peuple ne les reçoiue. Or il est besoin d'y prendre garde d'autant plus attentiuement, que n'y aiant rien de variable à l'égal de ce peuple, à qui tous les sages ont donné la souueraine iurisdiction des langues, les mots changent si souuent,

Quint. 1. inst. c. 6.

que les feüilles des arbres ne tombent point plus ordinairement, selon le dire du Poëte Latin. Que si vous vsés d'vn terme trop ancien, on dit que vous affectés encore la nourriture du gland, apres l'vsage des bleds, & de tant de bonnes viandes. S'il est trop nouueau, on le compare à vn fruict qui n'est pas encore meur, & qui pour cela ne peut plaire à cause de son amertume. S'il est estranger, vous voila tombé dans le plus grand de tous les vices qu'on peut reprocher à vn Orateur, qui est la Barbarie. Et ainsi il est aisé de iuger, qu'on ne sçauroit apporter trop de soin ni de circonspection en cette partie qui considere les seules paroles. I'ai quelquefois medité d'où pouuoit proceder ceste grande auersion contre celles qui ne sont pas dans

Horat. de arte Poët.

Cicer. in Orat.

le

le commerce ordinaire, l'Echole aiant fait vn crime si capital de s'en seruir. On pourroit dire, que c'est pource qu'il n'y a rien de plus odieus, qu'vne vaine parade de mots extraordinaires, qui font voir qu'on pretent parler mieus que le commun, & par consequent qu'on n'a peu trop condamner vne chose du tout contraire au dessein de l'Orateur, qui est de plaire afin de persuader. Mais ie crois que la principale raison se doit prendre de ce qu'Aristote a fort bien remar- *Lib. 6. cap. 2.* qué en quelque lieu de ses Topiques, que toute diction inusitée ne peut éuiter qu'elle ne porte auec soi de l'obscurité. Car puis que nous ne parlons & n'écriuons que pour estre entendus, d'où vient que la premiere perfection de l'O- raison consiste en ce point d'estre

B

claire & intelligible, il s'enfuit que fon principal defaut procedera de l'ambiguité s'il s'y en trouue, comme il ne fe peut faire autrement, quand nous nous feruirons de termes peu connus. C'eft donc auec grande raifon, qu'on les defent fi expreffément, puis qu'ils femblent s'oppofer aus intentions de l'art, & faire la guerre à la Nature, celle-cy ne nous ayant donné la langue, & l'autre mis la plume en la main, que pour expliquer nettement, & faire comprendre facilement nos intentions.

Il y a auffi la confideratiõ du mauuais fon, & du peu de fatisfaction que reçoit l'oreille, quand elle eft touchée de quelque mot que l'vfage n'a pas encore poli ni approuué. Si le Traicté de l'Eloquence de Monfieur du Vair fe pouuoit lire fans ces rudes paroles, d'empirance, de venuſte, d'orer pour harenguer, de contemnement, de fleurs ſuaues, d'eſprits tarez, & ſans quelques autres dictions auſſi faſcheuſes: qui doute que ce bel écrit ne paruſt ſans comparaiſon plus agreable, meritant d'ailleurs beaucoup de recommandation? Ie ne ſçai ſi outre la raiſon d'Eſtat, Tibere n'eſtoit point encore touché de celle dont nous parlons, qui regarde le langage, lors que voulant prononcer le nom de monopole, il en demanda la permiſſion au Senat, s'excuſant de ce qu'il ſe ſeruoit d'vn mot eſtranger; comme il raia vne autre fois celui d'embleme du corps d'vn Decret où il auoit eſté emploié. Ce qui me fait douter qu'il pouuoit auoir ceſte ſeconde conſideration apres celle de la

Suett. in Tib. c. 70. & 71.

B ij

Maiesté de l'Empire, c'est qu'il affectoit fort la reputation de bien dire, & que d'ailleurs ce fut lui qu'vn M. Pomponius Marcellus osa reprendre d'auoir mal parlé Latin, lui disant qu'il pouuoit bien donner le droict de bourgeoisie Romaine aus hommes, mais non pas aus paroles, son pouuoir ne s'estendant pas iusques-là. A la verité ce Grammairien nous est dépeint par Suetone pour auoir esté si exact obseruateur de la pureté de sa langue, qu'il en estoit tres-importun & mesmes ridicule. Aussi faut-il auoüer, que comme c'est vne chose fort à estimer, selon nostre discours precedent, de n'vser point de termes reprehensibles, c'est d'vn autre costé vne grande misere de s'y asseruir de telle sorte, que ce soin preiudicie à l'expression de nos

De l'Illustr. Gramm. c. 22.

penſées. Il y en a qui pluſtoſt que d'employer vne diction tant ſoit peu douteuſe, renonceroient à la meilleure de leurs conceptions; la crainte de dire vne mauuaiſe parole leur fait abandonner volontairement ce qu'ils ont de meilleur dans l'eſprit; & il ſe trouue à la fin que pour ne commettre point de vice, ils ſe ſont élongnez de toute vertu. Ce n'eſt pas pourtant ainſi que ces grands Precepteurs de l'Eloquence Grecque & Romaine ont entendu qu'il en faloit vſer. Ils nous ont enſeigné de mépriſer tellement la curioſité des mots, quand il eſt queſtion d'expliquer quelque haute & importante penſée, qu'ils ont mis meſme ie ne ſçai quelle grace, & quaſi vne vertu oratoire en ceſte loüable negligence. Longinus décriuant l'excellente & magnifique Eloquence dont il a fait vn Traicté, dit qu'on ne la voit iamais dans ceste affectation, ni dans ceste pureté qui accompagne ordinairement l'Eloquence vulgaire, à cause que ce qui est si exact, & si estudié, tient du bas stile, & degenere presque tousiours dans le plus humble genre de parler. Il est, dit-il, des vertus de l'oraison à peu prés comme des richesses, dont ceus qui ont le plus, & qu'on peut dire estre dans l'opulence, negligent mille petites choses, que les pauures estiment grandement. C'est pourquoy Quintilien donne aussi pour marque d'vn discours qui n'est pas fort recommandable du costé de la conception, & du bon sens, si on fait vne particuliere estime des paroles qui le composent, *iacere sensus in oratione, in qua verba lau-*

dantur. Et il se sert en vn autre endroit de l'authorité de Ciceron, qui veut qu'il soit quelquefois permis d'errer à son Orateur, & d'imiter les Dames qui ont souuent plus de grace dans le mépris qu'elles font de se parer, que dans leurs plus curieus ornemens. Et certes ce n'est pas le propre de ceus qui conçoiuent les belles choses, de se soucier si fort en quels termes ils les enfanteront. Ils les produisent au iour auec generosité, & sans souffrir tant de trenchées, ils s'expliquent auec vne facilité negligente, qui témoigne que leur soin s'estent bien plus sur les pensées, que sur les dictions, *& quæ indicat non ingratam negligentiam, de re hominis magis, quàm de verbis laborantis,* comme parle ce grand ornement de la Republique Romaine. Ce n'est pas que ie vueille

In Orat.

establir icy l'opinion de quelques Philosophes, qui se sont declarez ennemis capitaus du beau langage. Mon intention est d'en oster simplement les scrupules dont beaucoup d'esprits sont cruellement gesnés, & d'adoucir les penes que se donnent là dessus des personnes, qui porteroient bien plus loin leurs meditations, si ce qu'ils ont de plus viue chaleur ne se perdoit par la longueur de l'expression, & n'estoit comme esteinte par la crainte d'y commettre quelque faute, *Abominanda infelicitas, quæ & cursum dicendi refrænat, & calorem cogitationis extinguit mora, & diffidentia.* Aussi ne peut-on pas dire que la Philosophie soit absolument contraire à l'Eloquence, & s'il y a eu des Philosophes, comme les Stoïciens, & les Epicuriens, qui aient declamé con-

Quint. præf. l.8.

Cic. in Bruto. Diog. Laert. in Epic.

tre elle, il s'en est trouué d'autres, comme les Academiciens, & les Peripateticiens, qui en ont fait tres-grand estat. Il s'en faut tant qu'il y ait de la repugnance entre la Philosophie & la Rhetorique, que les plus celebres Orateurs ont reconu la sagesse pour le principal fondemét du bien dire, & que la Philosophie estoit la mere cómune de toutes les belles paroles, aussi bien que de toutes les bonnes actions. C'est pourquoi les anciens ne receuoiét personne dans les classes des Rheteurs, qui n'eust passé par celle des Philosophes, & dont l'esprit, dit le Sophiste Theon, ne fust desia affermi par le poids des sentences, qui deuoient seruir d'ornement à son discours. Ciceron pose pour premiere maxime dans son parfait Orateur, qu'il est impossible d'estre

In proœm. Progymn.

eloquent sans l'aide de la Philosophie. Il auouë que les promenades de l'Academie lui ont plus serui pour le deuenir, que toutes les classes des Rheteurs. Et il fait vne remarque sur ce suiet, prise du Phædrus de Platon, que ce qui donna vn si grand auantage à Periclés sur tous les Declamateurs de son tems, fut d'auoir esté disciple d'Anaxagore surnommé le Physicien. Le

A. Gellius l. 3. c. 13. mesme se peut dire de Demosthene à l'égard de Platô, de qui il estoit auditeur lors qu'il luy prit fantaisie de suiure l'Orateur Callistratus. Car il n'y auroit point d'apparáce de soustenir que Demosthene eust appris son art d'Aristote, apres que De-

In Rhetor. prac. nis d'Halicarnasse a si bien refuté vn Peripateticien qui auoit auancé cette proposition. Et veritablement puis qu'Aristote, qui n'auoit que trois ans plus que Demosthene, n'écriuit ses liures de Rhetorique qu'estant desia fort aagé, lors que ce grand Orateur paroissoit au plus haut point de sa gloire, côme celui qui s'estoit fait admirer haranguant dés sa vingt-cinquiesme année; il y a bien plus d'apparance qu'Aristote se soit serui des ouurages de Demosthene, & de quelques autres Orateurs Atheniens, pour donner les lois du bien dire, que Demosthene du trauail d'Aristote. Mais encore qu'il y ait vne parfaite conuenance entre ces deus professions de la Sagesse & de l'Eloquence, il est certain que les abus qui se commettent en la derniere, par ceste vaine curiosité de paroles dont nous traittons, ont si fort scandalisé quelques Philosophes, que nous voions Seneque qui pro-

Ep. 76. teste en l'vne de ses lettres, que s'il lui estoit possible de se faire entendre par signes, il s'en seruiroit plustost que du discours, afin d'éuiter mieus toute sorte d'affectatiõ. C'est pourquoi entre les grandes loüan-

Lib.7. de Benef.c.8. ges qu'il donne ailleurs à son ami Demetrius, il le recommande sur tout d'auoir eu vne eloquence aussi genereuse que ses pensées, & qui n'estoit iamais empeschée à l'éle-

Diogen. Laërt. in vita Zen. Citt. ction des paroles. Zenon dit vn iour sur ce propos à quelqu'vn qui remarquoit que les termes des Philosophes estoient tousiours fort concis, que si c'estoit chose possible ils n'vseroient mesmes que de syllabes fort courtes. Chrysippus sou-stient dans Plutarque, que non seu-

Contred. des Stoiq. lement vn Philosophe doit negliger de faire heurter les voielles, & méprisęr tout ce qu'il y a de plus curieus dans la Rhetorique ; mais que pour auoir l'esprit plus entier aus matieres qui meritent son attention, il peut laisser couler dans ses escrits des obscuritez, des defectuositez, & iusques à des incongruitez, que toute autre personne seroit honteuse de commettre. Et la melancholie d'vn Grammairien *A. Gell. l. 18. c. 7.* nous est representée si grande dans les nuicts Attiques, qu'apres auoir dit des iniures au Philosophe Phauorin, qui lui auoit communiqué son doute sur la propre traduction d'vn mot Grec en Latin, cét atrabiliaire souhaitte que tout le genre humain soit muet, afin de ne plus voir les hommes s'amuser à de telles bagatelles. Or encore que, comme nous auons dit, toutes les sectes de Philosophie ne fussent pas également austeres en ce point, si est-ce *in Politi- co.*

que dans Platon mefme, qui a eu la reputation d'écrire auſſi eloquemment qu'euſt peu faire Iupiter s'il s'en fuſt meſlé, vn eſtranger auertit le ieune Socrate d'éuiter ce grand ſoin des paroles, s'il veut profiter en l'eſtude de la ſageſſe. Cela eſt cauſe qu'on a diſtingué l'eloquence des Philoſophes, de celle des Orateurs, ceus-cy viſant beaucoup plus à la ſatisfaction de l'oreille que les premiers, qui croiroient bien ſouuent faillir s'ils meſloient le plaiſir auec leurs enſeignemens, & qui font profeſſion d'eſtre plus vtiles au genre humain qu'agreables. Mais ſi faut-il confeſſer que ceus meſmes d'entre les Orateurs qui ſe ſont le plus aſſuiettis aus lois de la Rhetorique, n'ont pas eſté d'auis qu'on veſcuſt dans vne ſi ſeruile contrainte qu'eſt celle que beau-

in Politico.

Cic. in Orat.

coup de perſonnes s'impoſent ſur ce ſuiet, & qu'ils voudroient encore donner au reſte du monde. N'eſt-ce pas vne choſe digne de riſée de voir ſouſtenir qu'on ſe doit biē empeſcher de prononcer la face pour le viſage de qui que ce ſoit, ſi on ne parle de celle du grand Turc. Qu'il ne faut pas dire que quelque choſe s'abat, à cauſe que c'eſt faire vne vilaine alluſion au ſabath des ſorciers. Qu'on ſe doit ſeruir de l'aduerbe tandis, & non pas de pendant que, afin de s'eſloigner des mots de pendart, & de pendant d'eſpée. Et qu'il faut abſolument reietter tous les termes qui peuuent porter ainſi par vn equiuoque mal pris à des ſens peu honneſtes; dont ils dōnēt des exemples que la pudeur m'empeſche de mettre icy, pource qu'en les rapportant i'obligerois l'eſprit de ceus qui n'y penseroient pas autrement, d'y faire quelque reflexion. En verité c'est bien se moquer du monde de vouloir faire passer pour bonnes ces obseruations, & assez d'autres semblables, qui n'ont rien à quoi vn esprit autre que fort petit puisse s'arrester, & qui nous feroient perdre, par vn scrupule ridicule, la meilleure partie de nostre langage.

Ie ne veus pas conclure pourtant que les Stoiciens eussent raison de s'opiniastrer à nómer chaque chose par son nom, & d'attribuer à foiblesse d'esprit le scandale qui se prent des paroles, qu'ils soustiennent n'auoir rien de sale en elles-mesmes. Encore que Marc Antonin maintienne selon ceste doctrine, que nous ne deuons iamais tenir aucun mot, ni aucune action pour indigne de nous, qui soit conforme à la

Lib. 5. de vita sua.

la nature ; ie ne suis pas quant à moi d'vn si libre sentiment, & ie croy qu'on est obligé d'éuiter en écriuant, autant qu'il est possible, tout ce qui peut donner vn iuste suiet de tomber dans vn sens deshonneste. Mais il ne s'ensuit pas qu'il faille se gesner sans necessité, & au grand preiudice de nostre langue, comme il arriue aus exemples que nous venons de proposer, ni qu'on doiue s'abstenir de nommer si besoin est celui qui monstroit à iouër de la guitarre à Socrate, bien que son nom fust vn peu extraordinaire, selon la remarque de Ciceron en quelqu'vne de ses epistres.

Κόννος.
Lib. 9,
ep 22.

Or ce n'est pas seulement sur vn si honneste pretexte qu'on veut dóner des lois iniustes au langage Frãçois ; ceus qu'vn Genie particulier porte dans ces subtilités, comme ils les appellent, étendent bié plus loin leurs censures. On m'a donné pour certain que tel d'entre-eus auoit esté vingt-quatre heures à resuer cóment il éuit eroit de dire, ce seroit, trouuant qu'il y auoit aus deus premieres syllabes vn de ces mauuais sons, que les Grecs nous ont enseigné de fuïr sous le nom de Cacophonie. I'ai ouï dire qu'vn autre a soustenu que c'estoit fort impropremét parler de répondre il est midy & demi, qui signifie, disoit-il, dixhuict heures, & qu'il falloit dire precisément, il est demie heure apres midy. Et n'a t'on pas dóné depuis peu au public de bien gros volumes, où l'on a eu la curiosité de se passer de l'vne de nos plus ordinaires conionctions, dont on auoit conspiré la perte? Ie sçai bien qu'ils ne laissoient pas d'estre écrits fort elegamment. Mais n'est-ce point abuſer de ſon loiſir de s'aſtreindre à des choſes qui ne font que donner de la peine inutilement, & n'y a t'il pas bien de l'iniuſtice à vouloir obliger les autres à des ſentimens ſi peu raiſonnables. Cela me fait ſouuenir d'vne des gayetés de Lucien, quand il repreſente le Sigma de ſa langue, ſe pleignant aus voielles, qu'il eſtablit iuges de ce different, du tort que lui faiſoit le Tau, qui le chaſſoit violemment de la pluſpart des dictions Grecques. Et ie me ſouuiens encore ſur ce ſuiet de quelques perſonnes, qui par vn caprice particulier ont haï de certaines lettres de l'alphabet, dont ils ſe ſont abſtenus en des écrits compoſez exprez pour témoigner l'auerſion qu'ils en auoiét. C'eſt dequoi il ne ſe faut non plus eſtonner, que de voir des hommes

in Iudic. vocal.

C ij

qui ont des goufts extrauagans, à qui toute forte de douceurs déplaifent, ou de qui le palais reiette les meilleures viandes que nous emploions ordinairement à noftre nourriture. Le mal eft quand ils veulent qu'on trouue bonnes leurs deprauations, & qu'ils pretendent affuiettir les fens qui n'ont point cefte corruption aus leurs finguliers, ce qui ne peut pas eftre fouffert des vns ni des autres. Pourquoi la fantaifie de quelques particuliers nous priuera-t'elle des aduerbes aucunefois, auiourd'huy, foigneufement, au furplus, generalement, quafi, affectueufement, & de beaucoup d'autres, dont ceus qui parlent & écriuent le mieus fe feruent tous les iours fort à propos. Pourquoi leur laifferons nous faire des regles, qu'il ne faut pas dire quitter l'enuie, mais la perdre; ennuis ceſſez, mais finis ou terminez; eſleuer les yeus vers le ciel, mais leuer les yeus au ciel; nous oſtant vne infinité d'autres termes ſous ce mauuais fondement, que ce qui eſt bien dit d'vne ſorte, eſt par conſequent mauuais de l'autre. Tant s'en faut, c'eſt la richeſſe de toutes les langues de pouuoir diuerſifier non ſeulement les paroles, mais encore ce que les Grecs ont nommé phraſe, les Latins elocution, & nous façon de parler. Si nous en croions ces Meſſieurs, Dieu ne ſera plus ſupplié, il faut qu'il ſe contante d'eſtre prié, puis que le mot de ſupplier eſt impropre à ſon égard. Il n'y aura plus de ſouueraineté au monde, pource qu'elle ſonne trop mal à leur oreille, qui ne peut ſouffrir qu'vne ſouueraine puiſſance. Il ne faudra plus parler de veneration, mais seulement de reuerence. Parmi eus c'est estre vieus Gaulois de dire lequel, duquel, eu égard, aspreté, auec vne infinité d'autres paroles qui sont dans l'vsage ordinaire ; & si vous vous seruez d'vne diction qui entre dans le stile d'vn Notaire, il n'en faut point dauantage pour vous conuaincre que vous n'estes pas dans la pureté du beau langage. Ie n'oserois m'expliquer en François de ce que ie pense de tant de belles maximes, les termes de Ciceron seruiront pour m'excuser de m'y estre tant arresté, ne l'aiant fait, sinon, *vt huius infantiæ garrulam disciplinam contemneremus.* Il parle de la sorte en vn endroit où il se moque de ceus qui craignoient tant de tomber dans le vice d'ambiguité, & d'amphibologie, qu'ils faisoient mesme

Lib. 2. Rhet. ad Herenn.

difficulté de prononcer nettement leur nom; *Dum metuunt*, dit-il, *in dicendo ne quid ambiguum dicant, nomen suum pronunciare non possunt*. En verité nous en sommes venus à des superstitions qui ne sont pas moins pueriles, & si l'on ne s'opposoit aus vaines imaginations de certains esprits, qui croient meriter beaucoup par des subtilitez semblables à celles que nous venons de rapporter, il ne faudroit plus parler du bon sens. Ceus qui ont examiné le merite des ames par celui des actions particulieres, & par de certaines marques que Theophraste appelle caracteres, disent que c'est vn indice asseuré de grande bassesse d'esprit, quand vne personne s'amuse à oster trop soigneusement quelque petit festu, ou le moindre poil estráger qui se trouue sur ses habits.

Nous pouuons donner pour vne maxime beaucoup moins suiette à méconte, que ceus dont le Genie n'a rien de plus à cœur que cét examen scrupuleus de paroles, & i'ose dire de syllabes, ne sont pas pour reüssir noblement aus choses serieuses, ni pour arriuer iamais à la magnificence des pensées. Les Aigles ne s'amusent point à prendre des mouches, comme font les moineaux ; ni les hommes que l'esprit esleue par dessus le commun, à des choses si fort au dessous d'eus. Il n'y a que les autres dont nous parlons qui s'attachent serieusement à des bagatelles. Ie veus bien que leurs considerations soient aiguës quelquefois, & qu'il y paroisse vne pointe d'esprit que tout le monde n'a pas ; mais on la peut auoir en des choses de neant. Il n'y a rien de plus aigu, dit Seneque, que l'extre- *Epist. 82.* mité d'vn épy de bled, ni quant & quant de plus fragile & de plus inutile, *nihil est acutius arista, sed nec futilius.* Or non seulement l'Eloquence est ennemie des grandes contraintes où nous portent ces vaines subtilitez, quand bien elles ne seroient pas ridicules, & iniustes, comme elles le sont quasi tousiours; mais elle fait mesmes profession d'vser par fois d'vn mot inusité, qui seroit ailleurs barbare, & qui ne laisse pas d'auoir tres-bonne grace, lors qu'elle l'emploie à propos, aus lieus où il possede ceste force extraordinaire d'expression, que les Grecs appellent tantost emphase, & tantost energie. C'est ainsi que les Medecins font entrer heureusement des poisons dans la composition de leurs plus souuerains remedes; que les Muſiciens ſe ſeruent d'vn faus ton, ou d'vne mauuaiſe cadence dans vn concert, auec tres grande approbation de ceus qui s'y connoiſſent; & que les plus belles femmes releuent l'éclat de leurs beautez naturelles, par l'application d'vne mouche qu'elles ſe mettent ſur le viſage. On peut dire auſſi qu'outre ceſte grande liberté que les premiers Orateurs ſe ſont touſiours donnée, d'auoir plus d'égard au ſens qu'à la diction, bien ſouuent la neceſſité, & la conſideration du bien public les oblige d'en vſer ainſi. Car ſi on veut conſiderer combien il ſe pert de mots tous les iours que l'vſage abolit, il ſera bien aiſé de iuger en ſuitte, que n'en remettant point d'autres en la place de ceus-là, nous tomberions bien toſt dans vne extreme neceſſité de lan-

gage. Polybe remarque que de son   *Lib. 3.*
rems on n'entendoit que fort mal-
aisément le premier traitté des Romains auec les Carthaginois, fait
du tems des premiers Consuls, c'est
à dire quelque peu moins de quatre
cens ans auparauant; & nos anciens
Romans nous font voir que nostre
langue n'est pas moins suiette au
changement que les autres. Il est
donc besoin que ce qui se pert d'vn
costé se repare de l'autre. A la verité
le peuple y donne bon ordre, qui
fait valoir les dictions nouuelles, &
decredite celles que bon lui semble.
Mais pourquoi les habiles hommes
n'auront-ils point de part en cela?
Pourquoi ne leur sera-t'il pas permis au moins de presenter à ce peuple les paroles dont ils croiront que
le public aura besoin? Elles ne lui
peuuent pas estre fournies de meil-

leure main, & en tout cas ce monstre à tant de testes ne pert rien de son droit, n'approuuant que celles qui lui agreent. Quintilien se plaint sur ce suiet de ce que les Latins n'ont pas eu le priuilege de pouuoir former les mots nouueaus comme les Grecs, remarquant qu'à peine souffroit-on parmi les Romains ceste hardiesse de nouuelle composition, qui estoit vne des plus grandes vertus oratoires chez les Grecs. Car on peut voir dans Demetrius Phalereus, comme il met entre les principales perfections de la haute eloquence, celle d'imposer de nouueaus noms aus choses, pourueu que ce soit de sorte qu'vne mauuaise terminaison ne face pas paroistre Phrygien ou Scythe celui qui parlera Grec. J'auouë que ceste licence est encore moins en vsage parmi

Lib 8. cap 6

Tract de Eloc.

nous que parmi les Latins, & que nos Poëtes mefmes qui fe font voulu donner quelque liberté en cela, n'y ont pas trauaillé auec fuccez, de forte qu'il n'y auroit point d'apparence de l'entreprendre communément en profe. C'eft pour cela que nous auons trouué bonne dés le commencement la maxime generale de fuïr les paroles inufitées. Que fi nous difons icy que l'eloquence les emploie quelquefois, c'eft vne exception iointe à deus conditions, qui empefchent qu'il n'y ait de la contradiction en noftre difcours. La premiere condition eft que cela fe face, non feulement auffi rarement que les Medecins fe feruent des poifons, & les maiftres de concert des diffonances, felon nos precedentes comparaifons; mais de plus que ce ne foit qu'en des endroits priuilegiez, comme si la necessité d'exprimer vn bon sens, ou quelque importante pensée qui ne peut estre fidellement renduë en termes communs, nous oblige d'en emploier d'autres. La seconde condition regarde la personne de celui qui se veut seruir d'vn mot qui a besoin de faueur. Car puis que le nombre est fort petit de ceus qui approchent aucunement de l'éloquence dont nous parlons, il ne doit estre accordé qu'à bien peu de monde de s'attribuer vne liberté qui n'est concedée qu'aus grands Orateurs. De mesme qu'il n'est pas permis dans la Morale d'imiter tousiours Socrate, Diogene, ou Aristippe, qui faisoient & disoient beaucoup de choses contre les mœurs de leur tems, par vn priuilege que leurs vertus nompareilles s'estoient acquis, *magnis illi*

Cic. lib. 1. Offic.

& diuinis bonis hanc licentiam assequebantur. Aussi peut-on dire dans la Rhetorique, qu'il n'appartient pas aus petits Escriuains de se dôner de certaines licéces, qui sont reseruées aus grands maistres seulement.

Or si c'est vn vice à ceus-là de ne pas mesurer leurs forces, ie les trouue encore plus blasmables lors qu'ils ont la hardiesse de censurer, en des ouurages qui regardent l'eternité, ces petites paroles que nous disons eschapper quelquefois aus autres fort heureusement. C'est faire comme Momus qui se mit à reprendre Venus d'estre mal chauffée, voiant qu'il ne trouuoit rien en elle dont il peût médire. Et i'oserai encore comparer ces iniustes Critiques à ceus qui pensent diminuer la gloire des astres, quand ils se vantent d'y auoir obserué quelques petites taches noires. Mais comme personne sans folie ne trouuera le Soleil moins beau à cause de ces nouuelles remarques, ie ne croy pas non plus qu'vn homme de bon sens vouluſt condamner vn œuure de grande recommandation, pour ce qu'on y auroit trouué quelque diction à redire. Et neantmoins on fait encore pis. I'ay veu depuis peu de tems fort mal traitter vn trauail qui meritoit beaucoup de loüange, sur ce mauuais pretexte que son Autheur ne s'eſtoit pas touſiours serui des mots propres. Si eſt-ce que quand la neceſſité d'vser de metaphores ne se rencontreroit pas en toutes langues, comme elle fait tres-souuent, ce seroit se priuer des plus belles figures de la Rhetorique, de ne vouloir iamais emploier que les termes propres, & i'ose dire

qu'il

qu'il y auroit du vice d'en vser de la sorte. Pour le moins est-ce l'opinion de Longinus, que rien ne sert dauantage à rendre l'oraison grande & maiestueuse, que les translations. Et Ciceron les compare sur ce propos aus robes qui ont esté faites contre le froid, & qui depuis se portent plus par bien seance que par besoin. Ce n'est pas pour pardonner les fautes, quand on reprent mesmes ce qui peut tenir lieu de vertu. Ie repete pourtant icy qu'il est permis de faillir eloquamment, & qu'vne mauuaise parole a quelquefois autant de grace en la bouche d'vn Orateur, que le begayer en celle des filles, qui rend bien souuent leur parler plus agreable,

In vitio decor est quædam malè reddere verba. Ouid. 3. de arte am.

Cap. 28.

De Or.

D

On a dit au suiet des ouurages d'Apollonius Rhodien, que c'eſtoit quelquefois vn defaut de ne point commettre de fautes. C'eſt ſelon le meſme ſens que nous ſouſtenons que la haute eloquence n'auroit pas toute la maieſté qui la doit accompagner, ſi elle s'aſſuietiſſoit ſi ſeruilement aus mots dont elle vſe, qu'elle n'en oſaſt iamais prononcer aucun qui n'euſt eu les ſuffrages du peuple. Gellius a vn chapitre excellent pour faire voir que les plus grands hommes en l'vne & en l'autre eloquence, poëtique, & oratoire, en ont tout autrement vſé; & que le ſeul égard qu'ils ont eu au ſon, & à la ſatisfaction de l'oreille, leur a fait mépriſer ſouuent toutes les lois de la Grammaire. Quand Virgile a dit *vrbis* pour *vrbes*, & Ciceron *peccatu* pour *pec-*

Lib. 13. cap. 19.

cato, auec beaucoup d'autres paroles semblables, ils ont choqué les regles & l'vsage du parler ordinaire, pour vaquer à ce contentement de l'oüie que nous sommes contrains d'exprimer par le mot Grec ἀιφωνία, puis que Gellius ne lui en a peu trouuer en Latin, non plus que nous en François. Son conseil est qu'on doit plustost consulter son oreille, qu'vn Grammairien; & que la bonne cadence d'vn mot irregulier le peut souuent faire preferer à celui qui est plus approuué. En effet puis que l'vne des fins de l'Orateur est de plaire, Platon l'aiant pour cela comparé au bon Cuisinier, & mis la Rhetorique entre les arts qui seruent à la volupté, c'est sans doute qu'il doit viser sur tout à recreer ce sens que les Escholes nomment par excellence le sens des disciplines. Il ne me reste rien apres cela dont ie vueille grossir la premiere partie de ce discours, que nous auions destinée à considerer la diction toute nuë. I'adiousterai seulement, qu'encore que les paroles semblent à beaucoup de personnes de fort peu de consequence, si est-ce qu'à y prendre garde de prés, on trouuera que la meilleure partie des hommes s'occupe à les examiner. Les plus grands differens qui se trouuent en toute sorte de professions n'ont souuent point d'autre fondement; on a veu tout le monde Chrestien se partager pour vn iota; & le sens des lois sacrées ou prophanes tombe tous les iours en dispute, par la diuerse interpretation qu'on donne aus termes dont s'est serui le Legislateur. C'est vne chose certaine, que les Philosophes anciens qui ont exercé de si grandes animositez les vns contre les autres, estoient ordinairement plus en different pour les mots que pour les matieres. Zenon fit sa secte à part, inuentant des dictions nouuelles, pour signifier, comme on lui reprochoit, la mesme chose que disoient les autres. Carneades souſtint pour cela que les Stoïciens ne disputoient que des termes auec les Peripateticiens, & qu'ils n'auoient entre eus que la vois differente dans vn mesme sentiment. Et il y en a qui ont trauaillé à faire voir, que ces derniers n'auoient pas moins de conuenance auec les disciples de Platon, en ce qui estoit des pensées, encore qu'ils s'en expliquassent diuersement. Ce n'est donc

Cic. lib. 3. de fin.

pas vne grande merueille si l'on s'accorde si peu sur l'vsage des paroles dans la Rhetorique, puis qu'elles ont le mesme effect dans toutes les disciplines, & que les hommes qu'on a creu les plus raisonnables n'en ont peu conuenir. Passons au second article, & y considerons les periodes separément, comme membres qui composent le corps de l'Oraison, dont nous parlerons en troisiesme lieu, suiuant nostre diuision.

C'est vne chose merueilleuse qu'il y ait des hommes tellement nez à se donner de la pene dans leurs compositions, comme dit Quintilien, qu'ils ne croient iamais auoir rien écrit à propos, si ce n'a esté auec beaucoup de difficulté. Ceus de ceste humeur ne se satisfont que fort rarement, ils

Lib. 10.
cap. 3.

se trauaillent la plume à la main, comme l'oiseau qui se bat à la perche, & la moindre periode les fatigue plus qu'vn discours entier ne deuroit faire, s'ils estoient moins persecutez de leur propre Genie. Ce n'est pas que ie vueille dire qu'il ne soit fort bon d'vser de seuerité enuers soi-mesme, & de corriger par vne seconde & troisiesme pensée, ce qui est échappé de moins receuable à la premiere. Il n'y a point de conception qui ne nous plaise d'abord lors que nous la couchons sur le papier, autremét nous ne prendrions pas la pene de l'y mettre ; de sorte que si nous ne repassions dessus, apres auoir laissé refroidir ce premier feu d'amour, que nous auons naturellemét pour tout ce qui vient de nous, il sortiroit beaucoup d'imperfections de nos mains, que le iugement nous doit faire supprimer, si la correction n'est suffisante pour les reparer. Car les productions de l'ame sont en leur commencement de la nature des vins nouueaus, qui ne demandent qu'à échapper & à sépandre ; & nous auons vne certaine tendresse pour nos enfans spirituels, qui nous empesche de reconnoistre si tost leurs defauts. Il est besoin d'vn peu de tems pour les apperceuoir ; & de quitter la qualité de pere passionné ou d'autheur partial, pour prendre celle de lecteur indifferent. C'est alors qu'il ne se faut rien pardonner à soi-mesme, que les ratures doiuent rendre nostre écriture plus agreable, & que la plume en effaçant peut former les plus beaus traits de son art. Mais encore y a t'il quelque mediocrité à garder en cela, nos censures pour estre rigoureuses ne sont pas obligées à l'iniustice, & c'est vne legereté d'esprit trop grande, de condamner tousjours les premieres expressions, pour en mettre d'autres qui souuent ne les valent pas, ou qui n'ont point d'autre auantage que celui d'estre venuës les dernieres. Il se trouue neanmoins assez de personnes de ce temperament. Le stile obscur & corrompu de Tibere s'en resentoit si fort, que ce qu'il faisoit sur le champ estoit sans comparaison meilleur, que quand il auoit trauaillé auec beaucoup de pene & de loisir. Et l'Orateur Caluus nous est representé pour auoir tellement peché en ceste sorte de superstition, que sur l'apprehension de laisser la moindre cho-

Sueton. in Tib. art. 70.

se dans vne periode, qui peuſt faire tort à l'Eloquence dont il faiſoit profeſſion, il lui oſtoit ſouuent ce qu'elle auoit de plus loüable, comme ceus qui pour ſe purger du mauuais ſang, tirent iuſques à celui qui eſt neceſſaire à la vie, *Nimium inquirens in ſe, atque ipſe ſeſe obſeruans, metuenſque ne vitioſum colligeret, etiam verum ſanguinem deperdebat.* Or ſi nous auons tantoſt blaſmé le ſoin trop ſcrupuleus des paroles auec quelque raiſon, il n'y en a pas moins de declamer icy contre la trop grande curioſité que pluſieurs apportent en la compoſition de leurs periodes. I'auouë que les maiſtres qui les ont diuiſées en trois genres, l'Hiſtorique, le Dialogique, & l'Oratoire, nous ont obligé de les former en ſorte, que l'ordre, les iointures, & les

Cicer. in Bruto.

Demetr. Phal. de Eloc.

Quintil. l. 9. c. 4.

nombres y soient obseruez, & que si l'on n'a égard à ces trois choses, il est bien difficile de rendre vne periode parfaite. Mais ie souftiens aussi que les mesmes qui nous ont donné ces regles, nous ont enseigné de ne nous y asseruir que de bonne façon, & qu'ils nous ont laissé des exemples de les méprifer, autant de fois qu'elles pourroient preiudicier au bon sens. Car il arriue quelquefois que pour se tenir trop attaché aus mesures, & à la cadence d'vne periode, on se relasche d'vne partie de ce qu'on doit dire; ou que l'esprit qui donne trop d'attention à la maniere de s'expliquer, n'a pas toute la vigueur qu'il deuroit auoir lors qu'il conçoit les choses, & qu'il s'applique à la matiere dont il est obligé de traitter. Ie veus donner vn exemple notable de ce que ie dis. Quand les Venitiens se resolurent de mettre la main à la plume pour se defendre de l'interdit où les mettoit le Pape Paul cinquiesme, ils firent chois d'vn Iean Baptiste Leon qui auoit la reputation de sçauoir toutes les finesses de la langue Italienne, & d'en posseder toutes les graces. Pour son instruction ils lui donnerent les memoires du Pere Paul, leur grand Theologien d'Estat, qu'on n'estimoit pas auoir le stile si delicat, & ils chargerent Baptiste Leon d'écrire suiuant ces memoires en faueur de la liberté Venitienne, & de faire valoir les droits de la Republique. Cestuicy qui ne pensoit qu'à l'elegance des paroles, & à la beauté des periodes, s'acquitta de sa charge de telle sorte, qu'aiant foiblement

Vie du P. Paul.

expliqué les plus fortes raisons du Pere, & souuent abandonné ses meilleurs sentimens, afin de ne rien dire qui ne fust tres-eloquent, on fut contrainct de remettre la charge de l'écrit au mesme qui auoit fourni les bonnes pensées, dont il s'acquitta auec ceste vigueur & ceste suffisance qui fut reconnuë de tout le monde, ce que ie pretends dire sans toucher le merite de l'affaire dont il estoit questió. Voila combien il importe de ne se pas trop assuiettir à la beauté du langage, & de n'en pas faire la plus considerable partie de l'Eloquence, qui consiste au bon raisonnement. Polybe se moque pour cela *Exc. Conß.* de l'historien Zenon qui negli- *p. 75.* geoit ce qui estoit le plus important en son mestier, & commettoit des fautes essentielles dans l'histoire, croiant s'eftre acquitté dignement de fa charge s'il auoit eu l'elocution elegante, & s'il auoit excellé au nombre & à la cadance des periodes. En effet nous voions beaucoup de perfonnes qui font tellement leur principal de cela quand ils écriuent, & qui monftrent vne fi grande negligence ou impuiffance au refte, que c'eft vne compaffion de leur voir emploier en des chofes de neant des termes fi exquis & fi curieufement recherchez. Il me femble que nous pouuons les comparer à ceus qui s'amufent à cribler de la terre auec vn grand foin, pour n'y mettre en fuitte que des Tulipes, & des Anemones. Ces fleurs font belles à la verité, & donnent du plaifir à la veuë, mais auffi paffent-elles en vn inftant, ne produifent point de fruits, & ne sont nullement comparables aus plantes vtiles à la vie humaine. Les ouurages de ceus dont nous parlons, quoi que trauailles auec vne grande pene, ne sont ni de plus d'vsage, ni de plus de durée que ces Anemones; là où ce qui part de la main des hommes qui possedent vne veritable & solide eloquence, bien que moins accompagné de curiosité, ne craint point que le tems l'interesse, & se trouue vtile mesmes à la posterité. C'est pourquoi, poursuiuant nostre comparaison, nous dirons que ces derniers ressemblent à ceus qui plantent des vergers, ou qui ont dessein de faire venir du bois de haute fustaie, à quoi ils trauaillent auec le plus d'ordre & de grace qu'on y peut apporter, sans s'amuser pourtant à fasser la terre, ni à

éplucher iufques à la plus petite pierre. Tant s'en faut, comme nous auons dit, que fouuent vn mot qui tient encore de la barbarie, peut eftre emploié fi à propos qu'il a de l'elegance, ils croient qu'vne periode mal arondie, & negligemmét couchée, peut de mefme auoir vn fort bon effet dans l'oraifon, comme les ombres l'ont dans la peinture, où elles releuent les autres couleurs, & rendent vn tableau plus accompli. Nous voiós des exemples de cela dans les plus belles pieces Grecques & Latines, qui nous reftent des anciés, quand les leçons de la Rhetorique ne nous l'auroient pas enfeigné. A la verité Ifocrate, & ceus qui le voulurent imiter, comme Theopompe & quelques autres, furent plus fcrupuleus felon l'obferuation de
Quinti-

Quintilien; mais Demosthene & Ciceron se sont par tout donné de merueilleuses licences pour ce regard. On ne doit pourtant pas penser qu'ils en aient ainsi vsé sans raison. Car outre qu'vn peu de negligence sert quelquefois beaucoup à persuader, qui est le but de l'Orateur, parce qu'elle couure son artifice; il se peut faire encore que le defaut qui se trouuera en l'vn des membres de la periode, & qui la rendra comme boiteuse, plaira par la mesme raison qu'Ouide dit que sa belle Elegie estoit plus agreable d'auoir vn pied plus long que l'autre,

Cicer. de Orat & Quint. l. 9. c. 4.

In pedibus vitium causa decoris erat. C'est vne chose certaine que les Rheteurs ont fait vn vice de s'attacher trop en cecy aux regles de la perfection. Nous voions mesmes

Lib. 3. amor. El. 1.

que Philonicus le Dialecticien, auec Hieronimus le Philosophe, reprirent Isocrate d'en auoir vsé comme nous venons de dire, aiant souuét contraint sa conception, & assuietti ses pensées aus nombres d'vne periode. Car c'est, disoient-ils, violer l'ordre de la nature, qui veut que les paroles seruent à la sentence, & non pas au contraire, où il paroist ie ne sçai quoi indigne d'vn homme serieus. De là vient que les pieces de cét Orateur qu'il composa les dernieres, dans vn aage de plus grande prudence, sont beaucoup meilleures que les autres, s'estant corrigé de ceste vaine curiosité qu'il auoit euë aupara-

In iud. de Isocr. uant, selon le iugement qu'en fait Denis d'Halicarnasse. Et on peut remarquer dans Longinus, comme

Cap. 32. il ne recognoist rien de plus ennemi qu'elle de sa haute eloquence, qui ne souffre pas qu'on s'areste à beaucoup de choses, dont l'eloquence vulgaire fait de l'estat; non plus, dit-il, que les grands Statuaires faisant vn Colosse qui doit estre la merueille de plusieurs siecles, ne s'amusent pas à toutes les delicatesses que les moindres ouuriers emploient aus petites pieces qu'ils font. Mais pour ce que ces considerations sont generales, ie viendrai au particulier des periodes, que ie considererai en leur quantité, & en leur qualité.

Vne periode peut pecher dans la quantité en deus façons, soit qu'elle soit trop longue, ou trop courte. Car si elle s'estent au delà d'vne iuste longueur, il ne se peut faire que la construction n'en deuienne obscure, & difficile, ce qui

E ij

rend vne oraison tout à fait vicieuse. La raison de cela se prent de ce que les trois perfections d'vn Orateur sont d'enseigner, de plaire, & d'émouuoir. Or ce qui est obscur, n'enseigne pas; & il est impossible qu'vne chose difficile plaise comme telle; ni pareillement qu'elle émeuue ainsi qu'elle doit. D'où l'on peut voir que la longueur démesurée d'vne periode est tout à fait contraire à l'eloquence, puis qu'elle priue vn discours des plus grandes perfections qu'il doit auoir. Que si cét excez a esté condamné parmi les Grecs & les Latins, qui ne pouuoient souffrir vne periode ploiante par le milieu, où dont les extremitez penchassent par sa trop grãde estenduë, ce doit estre parmi nous vn defaut bien plus insupportable. Car nostre humeur prompte ne s'accorde pas auec ceste ennuieuse attente, où il faut que l'esprit demeure pour recueillir le sens d'vne longue periode, qui n'est iamais parfait qu'à la fin, & dont vne partie se pert bien souuent en chemin, le commencement s'oubliant auant que l'on soit au bout. D'ailleurs on peut bien remarquer que nostre langue s'y accommode encore moins que celles des anciés; puis qu'il se trouue quelquefois des periodes dans Demosthene & dans Ciceron tellement à perte d'haleine, qu'il est sans doute que nous ne les endurerions iamais en pas vn de nos Escriuains. Celles-là sont sur tout à blasmer qui enuelopent plus d'vn sens, par ce qu'elles partagent dauantage nostre esprit, & le mettent comme au desespoir. Aussi n'y a t'il gueres que ceus qui commencent à se mesler d'écrire, à qui il en eschappe de telles. Encore faut-il que le vice vienne d'vn mauuais principe, & qu'il y ait de la confusion d'esprit precedente; ceus qui conçoiuent nettement les choses, les couchant quasi tousiours de mesme sur le papier. Mais pour ce que ie ne vois à present aucun de ceus qui mettent la main à la plume auec quelque reputation, qui ne conuienne de ce que nous venons de dire, & qui n'éuite fort soigneusement ces trop longues periodes; Ie me contenterai de raporter deus mots de ce que les anciens en ont dit, pour ce qu'ils ont esté de differente opinion sur cela. Ils sont bien d'accord en ce qu'vne periode parfaite doit au moins auoir deus membres; car celles qui n'en ont qu'vn sont nommées simples, ou imparfaites. Mais Quintilien, qui dit qu'on lui en donne ordinairement quatre, adiouste qu'elle en peut receuoir encore dauantage. Ciceron semble estre de son auis, reglant sa plus longue estenduë à celle de quatre vers de six pieds, ou à ce que nous pouuons prononcer d'vne seule haleine. Demetrius l'Orateur & le Sophiste Alexandre soustiennent au contraire qu'vne periode qui a plus de quatre membres est trop longue, & qu'elle n'a plus ceste symmetrie periodique, comme parle Demetrius, où consiste sa perfection. C'est le mesme qui obserue que les periodes estenduës conuiennent principalement au genre de l'eloquence sublime. D'où vient que le vers Hexametre, qui est le plus

Dem. Phal. de Eloc.

Lib. 9. cap. 4.

Proœm. lib. 2. de fig.

E iiij

grand de tous, est nommé heroïque, & destiné à representer les actions memorables de ceus que les anciens appelloient des Demidieus. Au contraire des vers d'Archilocus, & d'Anacreon, qui comme fort petits ne sont propres qu'au plus bas genre d'écrire. Venons maintenant aus periodes qui pechent dans l'autre extremité pour estre trop courtes, & où ie vois que l'abus est dautant plus grand, qu'il trompe sous l'apparence du bien, le vice aiant esté pris en cela, comme quelquefois dans la Morale, pour vne vertu.

Comme il n'y a rien plus ennuieus que le langage de ceus qui vsent de ces longs propos, qu'on voit souuét tenir au Docteur Gratien de la Comedie; aussi peut-on dire que le stile trop concis qui fait les courtes periodes que nous voulons reprendre, ressemble au parler d'vn asthmatique, & de ceus qui ont vne continuelle palpitation de cœur. Que si d'vne part ces periodes témoignent la courte haleine de ceus qui les couppent si menu, il semble d'ailleurs qu'elles ne soient bonnes que pour des personnes à qui quelque debilité spirituelle fait reietter les discours plus estendus ; comme il y a des malades qui ne se peuuent nourrir que de hachis, & qui ne sçauroient digerer les viandes solides. Ce monstre de Caligula ialous de la reputation de Seneque, lui voulut imputer de n'auoir écrit que pour ceus-là, & l'accusa d'auoir mis beaucoup de grauier ensemble, sans chaus, & sans liaison, nommant ainsi sa façon de s'expliquer aussi libre & aussi austere que sa vie. Mais cét illustre Philosophe n'a pas besoin de nostre defense sur cela, l'iniure aiant esté reiettée, il y a long-tems sur l'humeur tyrannique de son Autheur, qui ne pouuoit souffrir vne gloire dont il estoit également indigne & enuieus. Que si l'eloquence philosophique de Seneque n'a pas obserué par tout ce que prescriuent les regles de l'eloquence Oratoire, cela s'est trouué tellement recompensé par la grandeur & par le pris de ses pensées, que son merite n'en a point receu de diminution. On peut neanmoins reconnoistre par l'inuectiue de cét Empereur, qu'vn stile trop entrecouppé a tousiours esté tenu pour fort vicieus. Ceus qui s'en seruent encor auiourd'huy le veulent rendre recommandable, par ce qu'il semble auoir dauantage de pointes que celui qui est plus diffus, & d'autant que beaucoup de figures comme les antitheses, & les allusions y paroissent auec vn éclat nompareil. Il faut pourtant auoüer que toutes ces petites gentillesses ne sont considerables, que comme les moindres estoilles qui brillent à nos yeus en tremblottant; au lieu que la vraie eloquence doit estre comme vn Soleil plein de chaleur & de lumiere, dont les influences peuuent tout sur nos esprits. Et puis que nous ne sçaurions mieus comprendre vne chose si diuine, que par des comparaisons prises du Ciel, i'adiousterai que le stile rompu, & les periodes brisées, sont bien capables d'exciter dans nos ames vne émotion semblable à celle que cause icy bas le mouuement de trepidation, dont les effets ne sont quasi pas considerez. Mais qu'vne haute & magnifique eloquence rauit les esprits, & les emporte comme vn premier mobile, sans que rien lui puisse resister. Au surplus la liberté qu'ont pris les Italiens d'accuser vn François de la corruption de leur eloquence, & de dire que l'historien Mathieu auoit depuis peu donné l'exemple chez eus de ceste mauuaise façon d'écrire, dont nous parlons, est cause que ie ne ferai nulle difficulté de remarquer icy, que l'Autheur moderne du *Romulo*, du *Dauide perseguitato*, & de quelques autres petits traittez de mesme estoffe, qui ont éblouï d'abord de certains esprits, est peut-estre le plus depraué, & celuy qui a le plus peché au stile que nous reprenons, de tous ceus de ce tems.

Mascardi tratt. dell' arte hist. p. 614.

Sa maniere de s'expliquer eſt toute ſemblable à l'allure des petits enfans, qui ne vont que par ſecouſſes; & il y paroiſt vne foibleſſe comme au vol des oiſeaus qui n'ont pas l'aiſle aſſez forte, & qui n'oſent encore ſe hazarder que de branche en branche. En effet vous n'y voiez rien d'eſtendu, ce ne ſont que ſens briſez ſi court, qu'on en eſt ſurpris, & tout y va par des contrepointes, dont la plus part ſont fondées ſur vn ieu de paroles qui n'a rien de ſerieus. Il fait ſouuent des ſaillies violentes, mais c'eſt pour ſe repoſer tout auſſi toſt; ſes repriſes ſont ſi frequentes & ſi ſubites, qu'elles nous repreſentent le ſauter d'vne pie; & il y a ſi peu de liaiſon entre ſes periodes, & ſouuent en elles meſmes, que ie ne penſe pas que cela ſe puiſſe aſſez expliquer que par le prouerbe des Latins, *scopæ dissolutæ*. C'est ce que i'ai bien voulu dire d'vn estranger, afin de me taire de ceus de nostre nation, qui font pis que lui. Car si beaucoup de considerations m'ont empesché de nommer ceus d'entre nous, que i'eusse creu pouuoir donner pour patrons d'vne singuliere eloquence; il y en a de plus fortes encor, & de plus, selon mon humeur, qui me defendent de parler de qui que ce soit en mauuaise part, & qui ne consentent pas que i'offense iamais personne par vn mauuais traict de plume.

Disons maintenant quelque chose des qualitez d'vne periode, que l'on considere selon qu'elle est nombreuse, bien sonante, ornée de figures, & accompagnée de quantité de conditions, dont les

Rheteurs nous ont laiſſé vn aſſez grand nombre de preceptes. Mais pour ce que ie n'écris pas vne Rhetorique, me contentant de toucher ſimplement les points que i'ai creu importer d'autant plus à l'eloquence de ce tems, qu'ils ſont moins conſiderez; il n'y a pas lieu ce me ſemble de nous arreſter beaucoup ſur ces qualitez, & ce ſera aſſez d'y faire quelques legeres reflexions. Car premierement pour ce qui eſt des nombres & du ſon des periodes, il faut auoüer que noſtre langage a receu depuis peu tant de graces pour ce regard, que nous ne voions gueres de periodes mieus digerées, ni plus agreablement tournées dans Demoſthene, ou dans Ciceron, que ſont celles de quelques-vns de nos Eſcriuains. Il me ſeroit aiſé de prouuer ce que ie dis par l'authorité de leurs ouurages, si ie ne craignois d'offenser beaucoup de personnes par le chois de deus ou de trois. L'vn d'entre eus, que ie croy auoir le plus merité en ceste partie, comme au reste des ornemens de nostre langue, a couru la fortune de tous ceus qui excellent en quelque profession, par l'enuie qui s'est particulierement attachée à luy. Ce seroit augmenter ceste ombre importune de sa vertu de le designer dauantage; ie ne dois pas d'ailleurs rompre pour lui le vœu de mon silence; & c'est sans doute, quoi que nous nous taisions, qu'il éprouuera aussi bien que Menandre, les iugemens de la posterité plus fauorables que ceus de son siecle. Il me suffit de dire cependant, que lui, & ceus qui ont heureusement trauaillé comme lui me lui à ceſte agreable harmonie des periodes, s'en ſont acquittez de telle ſorte, que ie ne penſe pas qu'on puiſſe porter plus haut vne ſi importante partie de l'eloquence. Car ce ſeroit ſe tromper de croire qu'encore que l'oraiſon n'ait pas ſes pieds & ſes nombres ſi ſenſibles que la poëſie, ils ſoient moins à conſiderer pour cela dans la proſe que dans les vers. Tant s'en faut, les maiſtres aſſeurent que la cadence nombreuſe d'vn Orateur eſt bien plus difficile à obſeruer que celle d'vn Poëte, pour ceſte raiſon entre autres, que celui-là eſt obligé d'éuiter ſoigneuſement les meſures poëtiques, n'y aiant rien de plus vicieus dans vne oraiſon, que d'y gliſſer inopinément quelque vers. Si eſt-ce que ç'a eſté vne choſe ſi difficile aus anciens, de ne pas

Cicer. in Orat.

F

tomber quelquefois dans cét inconuenient, qu'Isocrate le plus exact de tous les Grecs, & qui donnoit quelquefois dix années entieres à composer vne de ses pieces, se trouue auoir laissé couler des vers par mégarde dans vne prose si estudiée. Et ce qui est bien considerable, & qui monstre la grande difficulté de ne le pas faire, c'est que le Peripateticien Hieronymus qui prit la pene d'examiner sur cela Isocrate, & qui trouua iusques au nombre de trente vers mesurez dans toutes les œuures de ce grand Orateur, ne peût s'empescher luimesme de commettre la faute qu'il reprenoit, dans le liure écrit exprez contre ce vice. Le Sophiste Theon asseure, qu'il n'y a point eu d'Orateurs à qui il n'en soit arriué autant, & qu'Ephore aiant com-

In Progymn.

posé vne belle oraison pour monſtrer combien ceſte locution trop nombreuse & trop poëtique eſtoit vicieuse en prose, ne laiſſa pas de faire vn vers ſans y penser dés le commencement de son diſcours. Il ne faut pas douter que ce defaut ne ſoit auſſi blaſmable en noſtre langue qu'en aucune autre; c'eſt pourquoi nous voions que ceus dont ie viens de parler, qui ont le mieus entendu les delicateſſes de l'eloquence Françoiſe, ſe ſont fort curieuſement eſlongnez des limites de la poëſie dans leurs compoſitions oratoires. Cecy ſoit dit à l'égard des nombres, & de la cadence des periodes, car la poëſie a d'ailleurs beaucoup de choses qui ornent merueilleuſement l'oraiſon, & qui la rendent plus magnifique, comme Demetrius le prou-

Tr. de Eloc.

F ij

ue par l'eloquence d'Herodote & de Thucydide. Ie n'auancerai donc rien dauantage sur ce sujet, sinon qu'encore qu'on ne puisse trop estimer les periodes nombreuses, il faut neanmoins vser de temperament en cela, comme en toute autre chose. Homere mesme ne s'est pas soucié bien souuent de la quantité d'vn vers, pour suiure l'impetuosité de son grand Genie, qu'il n'eust pas voulu arrester sur si peu de chose. Et il me souuient que le Sophiste Eunapius adiouste à ce *In Aca-* propos, qu'on doit imiter Phidias *cio.* qui trauailla de telle façon, que sans estre trop exact aus moindres mesures, il fit ceste Pallas qui fut la merueille de plusieurs siecles. Ceus de ceste profession qui se sont exercez en petit auec quelque reputation, comme Calamides, & Callimachus, ont quelquefois esté loüés d'auoir acheué des pieces auec beaucoup de subtilité & d'elegance; mais on ne les a iamais comparez aus Phidias, ni aus Policletes, qui égaloient dans leurs ouurages la maiesté des Dieus qu'ils representoient. L'Eloquence est encore plus austere en cecy que la Peinture, ou la Statuaire, ne pouuant souffrir qu'on s'assuiettisse bassement à toutes les regles d'vne artificieuse elocution. Nous voions en effet que l'harmonie trop affectée, & le son trop recherché des periodes de Mecenas & de Gallion, ne plaisoit pas à ces grands Orateurs qui examinoient les causes de la corruption que l'espace d'vn siecle seulement auoit mis dans leur eloquence. C'est pourquoi l'on peut dire que ceste diuine faculté mé-

Ex Dion. Halic. in Iud. Isocr.

Dial. de cla. or.

F iij

prise quelquefois de parer ses periodes auec trop de curiosité, comme si c'estoit prendre les habits ou le fard d'vne courtisane qui ne songe qu'à l'exterieur ; au lieu que l'eloquence veut plaire auec dignité, & paroistre auec ceste maiesté que merite le grand Empire qu'elle exerce sur nos ames. *Maiore animo aggredienda eloquentia*, dit Quintilien, *quasi toto corpore valet, vngues polire, & capillum reponere, non existimabit ad curam suam pertinere.*

L'erreur où i'apprens que viuent des personnes qui croient que tout rencontre de voielles soit vicieus, & qu'on m'a dit mesmes auoir composé des liures où ils ont soigneusement éuité de tomber dans cét inconuenient, m'oblige d'en dire icy vn petit mot. Il ne faut pas douter qu'il n'y ait de certains con-

Proœm. lib. 8.

cours de voielles, qui font grandement à fuïr à caufe du mauuais fon qui en procede, dont il n'y a point d'oreilles qui ne fe trouuent offenfées. Mais auffi ne faut-il pas penfer que ce foit vne maxime generale, qu'on ne doiue iamais fouffrir deus voielles qui fe touchent. A la verité Demetrius nous apprend qu'Ifocrate & fes difciples la voulurent eftablir ; en quoi ils furent contredits par d'autres qui croioiét ce conflict, ou collifion de voielles, comme les Latins en parlent, pour vne chofe du tout indifferente. L'auis de Demetrius, qui doit eftre ce me femble fuiui, tient le milieu entre ces deus extremitez. Et comme il veut qu'on s'abftienne quelquefois d'vn certain choc de voielles, qui bleffe notablement l'ouye ; auffi monftre t'il que d'en vouloir

Ex Dion. Halic. in Iud. Ifocr.

absolument defendre le rencontre, ce seroit souuent se priuer de la plus grande douceur, & des plus sensibles graces de l'oraison. Il iustifie cela par beaucoup d'exemples dans sa langue, où les noms d'Aïax, de Aiaia, & assez d'autres, font voir que l'vnion de plusieurs voielles forme des paroles tres-agreables. Les diphthongues mesmes se ioignent quelquefois en Grec melodieusement, outre qu'elles releuent, dit-il, le discours, & le rendent plus magnifique. Ie ne m'amuserai pas à rapporter là dessus ce qu'il allegue des Prestres d'Egypte, qui prononçoient les sept voielles de suitte à l'honneur des Dieus de ce tems-là, ne se pouuant rien ouïr de plus dous à l'oreille. Mais ie dirai simplement, que comme la langue Latine souffre le rencontre des voielles, & n'eſt en rien Quintil. differente pour ce regard de la l. 11 c.3. Grecque; la Françoiſe n'en a pas dauantage d'auerſion, & tant s'en faut qu'elle y ſoit plus ſcrupuleuſe, que nous auons des triphthongues qui monſtrent bien que noſtre parler n'eſt pas ennemi des voielles. C'eſt donc vne mocquerie de vouloir apporter icy tant de ſeuerité parmy nous, & de penſer que ce ſoit mal dit, i'ai aimé, ou quelque choſe de ſemblable, pour ce qu'il y a pluſieurs voielles de ſuitte ; puis qu'au contraire elles ont fort bonne grace, & ſe prononcent là, & ſouuent ailleurs tres-doucement, par ceus meſmes qui ont vne parfaite connoiſſance de noſtre langue. Ie penſe en verité qu'on peut bien dire de ceus qui ſe donnent de ces peines inutiles parmi nous, la mesme chose que nous lisons dans Der.ys d'Halicarnasse quand il parle du stile de Theopompe, l'vn des imitateurs d'Isocrate. Car il soustient que si Theopompe eust méprisé ce rencontre de voielles, & negligé quelques figures qu'il affectoit trop, aussi bien que les nombres de toutes ses periodes, il eust esté bien plus excellent Escriuain, & se fust surmonté lui mesme en beaucoup de façons.

Epist. ad Cn. Pop. & in Rhet. prae.

Quant aus Tropes ou figures il y en a qui les ont distinguées. Le Sophiste Alexandre veut que les Tropes soient des vertus de la diction, comme les barbarismes en sont les vices. Et que la Figure ne s'emploie que dans la liaison du discours, à qui elle donne autant d'ornement, que le solœcisme le gaste. Mais beaucoup de Rheteurs auec

Proœm. lib. 1. de fig.

Quintilien ne mettent point de différence entre les Tropes & les Figures, en quoi nous les imiterons icy, puis que nous n'auons que deus mots d'auis à donner, en remarquant qu'elles sont d'autres ornemens de periodes fort cõsiderables. Car les metaphores dont nous auõs desia parlé, les epithetes, les paronomasies ou allusions, les hyperboles, & le reste des figures qu'on peut voir dans les liures de Rhetorique, sont autant de lumieres d'oraison, qui lui donnent vn lustre merueilleus. C'est pourtant aussi vne maxime generale, qu'il n'en faut pas vser auec excez, pour ce que les plus belles choses du monde perdent leur grace, & deuiennent mesme odieuses, si on s'en sert immoderément. L'œil est bien la plus belle partie du corps, mais vous n'y en sçauriez mettre plus de deus sans difformité; & quoi que la pourpre soit la plus excellente des couleurs, il n'est pas permis de l'appliquer indiscrettement, ni sans mesure, puis qu'elle ne peut estre mise aus yeus sans les offenser, se-

Lib. 4. lon que Platon l'a gentiment re-
de Rep. marqué en quelque autre suiet. Or ceste regle s'estend non seulement sur les moindres figures, mais mesmes sur celles qui peuuent comprendre plusieurs periodes, comme font quelquefois les Ironies, & les Allegories ou Metaphores con-

Cap. 28. tinuées. C'est pourquoi Longinus dit que Platon fut repris par quelques-vns d'auoir vsé de ces dernieres auec trop de licence, & qu'vn certain Cecilius luy osa preferer pour cela l'Orateur Lisias, comme celui qui auoit esté bien plus retenu en ceste partie.

Pour ce qui est de la metaphore simple, i'adiousterai deus ou trois petites consideratiós à ce que nous auons dit. Et premierement que le precepte commun touchant l'vsage de ceste figure, est de ne s'en seruir gueres que quand le mot propre manque, ou que le metaphorique vaut mieus que celui qu'il chasse. Secondement que la maxime d'Aristote porte, que la plus excellente de toutes les translations, est celle qui donne de l'action aus choses qui n'en ont point, & qui rend animé ce qui ne l'est pas. Comme au contraire celle qui au lieu d'augmenter, diminuë le sujet, est la pire dont on se puisse seruir; par ce que le propre emploi de ceste figure, selon l'obseruation de Demetrius, est lors qu'on veut ampli-

Quint. l. 8. c. 5.

Tr. de Eloc.

fier vne matiere, & la rendre plus magnifique qu'elle ne paroiſtroit dans les termes ordinaires. Il faut auſſi remarquer auec ce meſme Orateur, que les metaphores ne ſont pas touſiours reciproques. Car le Poëte, dit-il, a bien peu appeller la racine ou le bas du mont Ida ſon pied ; mais il n'y auroit point d'apparence qu'on nommaſt le pied d'vn homme ſa racine. Et pour ce qu'au defaut des mots propres, qui manquent ſouuent dans toutes les langues, on eſt contraint d'en emploier de metaphoriques, ainſi que nous l'auons deſia obſerué dans la premiere ſection de ce diſcours, nous prendrons encore ce mot de leçon du meſme Autheur : Que les tranſlations qui ſont approuuées par l'vſage commun, quelques eſtranges qu'elles puiſſent eſtre, ſont touſiours bonnes. Voire meſmes que les mots metaphoriques qui ſont authoriſez de la ſorte deuiennent propres; n'y aiant point de doute que quand les Grecs ont dit l'œil de la vigne, & quand ils ont appellé la vois blanche, comme nous la nommons douce, pour dire agreable, ils n'aient parlé, & nous auſſi, tres-proprement, puis qu'il n'y a point de paroles propres en Grec, ni en François, pour ſignifier cela.

L'hyperbole eſt vne eſpece de metaphore, auſſi bien que l'Allegorie, & la Catachreſe; & ce n'eſt pas ſans ſuiet qu'on a fait de grandes inuectiues depuis peu contre les abus qui ſe commettent en l'vſage de ceſte figure. Si n'eſt-elle pas ſimplement à blaſmer, & pour eſtre *vltra fidem*, comme en parle

Ib. c. 6. Quintilien, elle n'a rien de vicieus, pourueu qu'elle ne soit point *vltra modum*. Il me souuient d'vne remarque de Strabon au premier liure de sa Geographie, qu'il y a des hyperboles d'hyperbole, comme quand les Grecs disent qu'vne chose est plus legere que l'ombre du liege, ou que quelqu'vn est plus craintif qu'vn liéure de Phrygie. Car l'hyperbole est assez notable de dire plus legere que le liege, & plus craintif qu'vn liéure, sans parler de l'ombre du liege, ou de la patrie du liéure, qui le rend encore plus apprehensif. Ce sont principalement ces hyperboles qu'il faut grandement fuïr, n'y aiant rien qui nous iette plus auant dans le Cacozele, c'est à dire dans la plus grande corruption de l'eloquence, qui abhorre sur tout ce vice de mauuaise affecta-

affectation. C'eſt pourquoi Theophraſte oppoſant au genre ſublime de l'Oraiſon, celui qu'il appelle froid, nous décrit le dernier pour eſtre tout dans ceſte ſorte d'hyperboles. Ainſi quelqu'vn ne ſe contentant pas de dire que Polypheme auoit ietté vn rocher pluſtoſt qu'vne pierre pour ſe venger d'Vlyſſe, adiouſta que pendant que ce rocher voloit en l'air, il y auoit des cheures deſſus qui ne laiſſoient pas de brouter l'herbe qu'elles y trouuoient. Lors que ceſte figure arriue à vne telle extremité, ou bien qu'elle eſt renduë trop frequente, Ariſtote la nomme à bon droict puerile; par où il marque la froideur, & la mauuaiſe affectation de ceus qui s'en ſeruent ſi mal à propos.

Demetr. Phal. de Eloc.

Lib. 7. Rhet. c. 11.

Les epithetes releuent merueilleusement vne periode, mais il en faut vser, selon la comparaison de ce mesme Philosophe, comme l'on fait des assaisonnemens, dont on ne se sert que pour aiguiser l'appetit, & qui ne passent iamais pour viandes solides. Autrement, son opinion est qu'il n'y a rien de plus froid, ny de plus mauuaise grace ; & Quintilien compare l'oraison qui est par trop remplie d'epithetes, à vne armée où il y a autant de goujats que de soldats, & qu'on voit par ce moien fort grande en nombre, & tres petite en courage & en forces. Longinus auertit aussi, que ceus qui pensent releuer beaucoup leur stile par des epithetes empoulés & pris de trop loing, se trompent fort. Car de nommer Xerxés le Iupiter des Perses, & les vautours des sepulchres animez, ce n'est pas, dit-il, auoir la diction grande ni sublime, mais c'est estre vain & ridicule; & il compare ces façons de parler aus meteores, qui sont fort hauts en l'air, & fort bouffis, bien qu'ils ne produisent gueres que des vents.

Les allusions ne sont pas non plus toutes à reietter. A la verité, comme Aristote ne vouloit pas qu'on nommast les petits hommes beaus, mais gentils seulement : Ciceron a dit au mesme sens, qu'encore que les allusions eussent de la grace, & de la getillesse, elles ne possedoient pas pourtant ceste beauté, ni celle dignité qui doit tousiours accompagner l'oraison graue & seuere, *Est in his lepos, & festiuitas, non dignitas, neque pulchritudo.* C'est pourquoi il est d'auis qu'on s'en doit abstenir dans le genre de

Lib. 4. ad Heren.

G ij

l'eloquence auſtere, afin de ne rien oſter aus forces de la verité par vn ieu de paroles qui ſemble plus propre à recreer qu'à perſuader auec authorité. De là vient ceſte inuectiue du Poëte ſatyrique contre vn criminel, qui balançoit, dit-il, deuant ſes Iuges tous ſes crimes auec des antithetes. Mais ceſte exceptiõ n'empeſche pas que la paronomaſie bien appliquée n'ait ſouuent beaucoup de grace, & que tous les grãds Orateurs n'en aient vſé dans leurs plus ſerieus ouurages. Ie n'en rapporterois point d'exemples, veu qu'ils ſont infinis, s'il n'y en auoit vn dans Platon, accompagné d'vne particuliere inſtruction touchant l'vſage de ceſte figure. C'eſt dans ſon conuiue, où apres auoir dit que Pauſanias fit vne pauſe, par vne alluſion auſſi expreſſe au Grec

Perſ ſat.
1. crimi-
na cſis
l bra t
in anti-
thetis.

qu'au François, il adiouſte que les ſages lui ont appris de ſe ioüer ainſi quelquefois innocemment des paroles. Et veritablement pourueu que les alluſions ſe preſentent d'elles meſmes, & qu'il n'y paroiſſe rien d'affecté, ni de recherché, ce qui rendroit le ieu digne de mocquerie, on ne peut pas eſtre blaſmé de s'en ſeruir. Il faut pourtant que ce ſoit rarement, pour ce qu'autrement on n'éuiteroit pas le ſoupçon de s'y plaire plus que la bien-ſeance ne le permet. Diodore Sicilien fait vne deſcription du genre d'eloquence de ce renommé Rheteur Gorgias Leontin, où on peut fort bien remarquer ce que nous diſons. Il conte que les Leontins aiant beſoin du ſecours des Atheniens côtre ceus de Syracuſe, choiſirent ce Gorgias pour leur Am-

Lib. 12. hiſt.

bassadeur, comme le plus propre à estre enuoié vers vn peuple qui estoit alors gouuerné par les Orateurs. En effet il se fit admirer dans ceste sçauante ville d'Athenes, & son bien dire eut le succez que ceus de son païs s'en estoient promis. Mais rien ne rauit tant ce peuple accoustumé aus harangues, que la nouueauté des figures dont Gorgias ornoit son discours. Car c'estoit la premiere fois que les Atheniens auoient ouï ce rencontre de dictions opposées, ou semblables, qu'on nomme antithetes, isocoles, parises, & omoioteleutes, qui sont des mots aussi barbares en nostre langue, qu'ils sont connus en toutes les Escholes des Rheteurs. Or comme ces nouueaus ornemens d'oraison furent pour lors merueilleusement bien receus, aussi a t'on bien reconnu depuis, dit Diodore, qu'ils ont en eus vne certaine curiosité qui se rend facilement ridicule, si elle paroist affectée, & qu'on en vse trop souuent.

Comment est-ce que l'intemperance ne seroit pas vicieuse en cela, si elle est mesme blasmée en l'vsage des sentences, dont il semble qu'on ne puisse trop auoir non plus que de bonnes pensées. Aristote obser- *Lib. 2.* ue qu'il n'y a point d'hommes qui *Rhetor. cap. 21.* se seruent de tant de sentences en parlant, que les Rustiques, & il nous donne auis sur cela de ne les emploier qu'auec beaucoup de iugement, & de moderation. C'est vne chose d'ailleurs fort à craindre qu'on ne se rende odieus si on discourt trop sententieusement, pour ce que c'est faire en quelque façon comme les precepteurs, qui veu-

G iiij

lent estre creus de ce qu'ils disent, & qui ne parlent qu'auec des axiomes. Et par consequent bien que la sentence soit la plus essentielle partie de l'oraison, elle ne laissera pas d'estre vn vice, si on la rend trop frequente. Voila ce que i'ai creu deuoir dire de l'application des figures, par ce qu'il me semble auoir remarqué que beaucoup pechent autant par scrupule, quand ils s'en abstiennent tout à fait, que par trop de liberté, quand ils en vsent immoderément.

Il me reste vne consideration à faire, où me porte tant de noms estranges que nous venons de prononcer, & que les François aussi bien que les Latins, ont emprunté des Grecs. Ce n'est pas que ie ne sçache bien qu'elle ne sera pas au goust de plusieurs personnes; mais il y a long tems que i'ai renoncé aus recherches de la pierre philosophale, & d'vne approbatiō vniuerselle, comme les tenant aussi difficiles à trouuer l'vne que l'autre. Tant y a que ie ne ferai point de difficulté d'auancer que pour auoir vne parfaite connoissance de nostre langue, & en pouuoir resoudre solidement toutes les difficultez, il est, sinon necessaire, au moins tres-auantageus d'entendre la Grecque. Le grand rapport qu'il y a de l'vne à l'autre, non seulement à cause de l'origine de beaucoup de mots, mais encores eu égard aus phrases ou façons de parler, m'oblige à estre de ce sentiment. Ie n'examine point icy si cela vient de ce que la langue Grecque a esté autrefois fort commune parmy les Gaules, ou si l'on en peut donner quelque autre meilleure raison. Il me suffit de dire, qu'outre vne grande quantité de paroles quasi toutes Grecques, nous auons souuent leur liaison, & leur emploi, du tout conforme auec le Grec, & non pas auec le Latin. Quant aus paroles, il y a des Dictionnaires entiers qui ont esté faits exprés pour monstrer leur extraction Grecque. Et pour ce qui est de nos formules qui semblent venir du mesme principe, Henry Estienne, Perionius, & assez d'autres, se sont desia donné la peine de les remarquer. C'est vne chose certaine que nous auons des preterits indefinis, que les Grecs ont nommé Aoristes, & que les Latins ne connoissent point. Ceus-cy au contraire ont des Supins, & des Gerondifs, au lieu desquels nous nous seruons aussi bien que les Grecs de l'infinitif des verbes. Car pour exprimer *venio spectatum, turpe dictu*, ou quelque chose de tel, nous dirons, ie viens regarder, vilain à dire, & ainsi des autres. La phrase Grecque, que ie ne rapporte point afin d'estre moins importun, est toute semblable à cela. Le mesme infinitif ioint à l'article, dont nous nous seruons au lieu du nom, lors que nous disons le boire, ou le manger, est tellement vne locution Grecque, que quand les Latins en ont vsé, leurs Grammairiens ont nommé cela vn Hellenisme ou Grecisme. C'est la mesme chose si nous mettons l'article deuant l'aduerbe, en disant, le dedans, le dehors, le dessus, le dessous. Ou lors que des noms nous en faisons des aduerbes, comme en ces façons de parler aller fort, & aller viste, pour aller fortement & viftement. Et qui ne fçait que deus aduerbes negatifs qui tiennent lieu d'affirmation en Latin, nient dauantage qu'vn feul, en Grec, & en François? Or puis qu'il y a vne fi grande refemblance en plufieurs chofes de noftre langue à la Grecque, n'eft-il pas vrai femblable, que celuy qui ne fçaura que la Grammaire Latine, fe trouuera bien empefché à rendre raifon de beaucoup de nos phrafes Françoifes ; & que peuteftre il en condamnera quelquesvnes pour ne fçauoir pas d'où elles ont pris leur origine, ni les raifons qui les appuient, fi tant eft qu'il fe trouue quelque difficulté en ce qui regarde l'vfage. Ie ne veus pas dire pour cela que tous ceus qui fçauent le Grec, foient capables de iuger de la beauté ni de la pureté de noftre langue. Ie sçai bien qu'au contraire il n'y en a point souuent qui l'entendent moins, & qui la parlent auec plus d'imperfection. Ce n'est pas aussi mon intention de conclure que ceus qui n'ont nulle connoissance du Grec, ne puissent estre tres-eloquens en François. Il y a vne infinité de personnes qui parlent & écriuent en perfection les langues vulgaires, encore qu'ils ignorent la Grecque & la Latine. Mais ie pretends bien, qu'où il sera question de donner son auis aus choses douteuses de nostre langue, que le peuple n'a pas encore determinées, & qui peuuent auoir quelque rapport à la Grecque, comme il se voit par les exemples que nous venons de donner, celui qui possedera le Grec & le François sera tout autrement capable d'en iuger, que s'il n'estoit instruit que du François simplement. La raison de ceste proposition se tire de ce que nous ne sçauons bien les choses, que quand nous les connoissons par leurs causes. De sorte que comme Aristote dit que celui qui n'a que la Logique naturelle, encore qu'il argumente bien, ne sçait qu'à demi ce qu'il demonstre, pour ce qu'il n'est pas asseuré de sçauoir, n'y aiãt que les regles de la Dialectique artificielle qui nous donnent ceste certitude. De mesme celui qui prononcera sur vne difficulté de la Grammaire Françoise, telle que nous venons de dire, encore qu'il arriue que son auis soit bon, ne pourra pas le rendre seur, ni l'authoriser suffisamment, s'il ignore la langue Grecque, à cause de la conformité qu'elle a en beaucoup de choses auec la Françoise, & que la plus ancienne communique souuent à l'autre ses preceptes. Tout le monde auoüe qu'vne infinité de Dames & de Caualiers parlent excellemment, par la seule bonté de leur nourriture, & de l'air de la Cour; s'ils y adioustent neanmoins les regles de l'art, c'est sans doute qu'ils se rendront incomparablement plus capables de iuger de tout ce qui concerne la pureté & les graces de leur langue. Ie dis aussi que bien qu'il y ait assez de personnes à qui les seules Grammaires vulgaires suffisent pour se rendre tres-entendus en ce qu'elles enseignent, s'ils conioignent d'abondant la Grecque auec la Françoise, il ne se peut faire qu'ils ne rendent leur connoissance beaucoup plus parfaite, veu la grande dependance qu'a noſtre parler de celui des Grecs, & le merueilleus rapport qu'il y a de l'vn à l'aure.

Le reſpect que ie porte à ceſte illuſtre Academie, que les ſoins de Monſieur le Cardinal viennét d'adiouſter aus plus grands ornemens de la France, m'empeſcheroit d'eſtablir mes ſentimens auec tant de liberté, ſi ie pouuois m'imaginer qu'vne ſi celebre Compagnie fuſt pour ne les pas approuuer. Mais cóme ie proteſte que ie ne connois aucun de ceus qui la compoſent, qui ne poſſede auec vne extraordinaire capacité, ce que ie crois eſtre requis pour iuger parfaitement de toutes les parties de l'Eloquence; ie preſume facilement que ceus auec qui ie n'ai pas l'honneur d'auoir aſſez d'habitude pour en pouuoir dire autant, ne leur ſont nullement

ment inferieurs. Et c'est ce qui me donne la hardiesse d'embrasser vne opinion que ie pense deuoir estre appuiée par tant d'hommes de merite, me soumettant à la quitter, comme toutes les autres, dont ie m'explique icy, dés le momét qu'ils les auront condamnées. Comment manquerois-ie de cestc deference vers vne assemblée, dont ie croy l'establissement aussi glorieus à Monsieur le Cardinal, que tout ce qu'il a fait de plus important pour le bien de cét Estat. Cesar apres auoir persecuté Ciceron rédit neanmoins cét honneur à sa memoire, qu'il auoit plus merité de triomphes estendant les limites & la capacité de l'esprit Romain, comme il auoit fait par la puissance de son eloquence, que ceus qui auoient porté fort loin les bornes de l'Em-

Plin. nat. hist. l.7.c.30.

pire par la violence de leurs armes. Nous pouuons dire, fuiuant vne fi belle conception, que l'affection nompareille de Monfieur le Cardinal pour la grandeur de cefte Monarchie, ne paroift pas moins dans la peine qu'il a voulu prendre de former ce beau corps d'Eloquence Françoife, qui doit fubfifter toufiours à la gloire de noftre Nation ; que quand il a donné fes confeils, & emploié fon courage à nous applanir les Alpes, & à rendre à la France fes anciennes limites du cofté du Rhin. S'il m'eftoit permis de parler des écrits immortels de fon Eminence, & de tant de rares pieces d'Eloquence, qui femblent auoir efté recueillies de fa bouche pour feruir de modele à tous ceus qui afpirent à la perfection de cefte diuine faculté, ie pafferois bien plus outre sur vn si grand sujet, & il ne faut point douter que tout ce traitté n'en receust vn merueilleus enrichissement. Mais ie me tais, estant obligé à vn silence qui se trouue mesmes interessé dans ce peu que ie viens de dire.

Nous ne sçaurions finir par vn plus bel endroit ce second article de nostre discours. Le premier consideroit les dictions toutes seules, où se commet le barbarisme. Le deusiesme a esté des periodes dont les vices se nomment en Grammaire solœcismes, lors que la liaison des paroles que les Grecs ont appellée syntaxe, & les Latins construction, n'est pas bien ordonnée. Nous auons parlé de tout cela suiuant les lois de la Rhetorique, & nous auons fait voir en l'vn & en l'autre article, ce me semble, qu'en-

Sext. Empir. adu. Math. l. 1.6. 10.

H ij

core que l'Orateur vise tousiours à la perfection, son eloquence neanmoins doit estre genereuse, & non pas seruile, ni assuiettie aus moindres choses. Pline le ieune disoit d'vn Declamateur de son tems, fort correct à la verité, mais qui pour se tenir trop dans les regles, ne s'esleuoit iamais iusques au genre sublime de l'oraison, qu'il ne pechoit qu'en vne chose, de ne commettre iamais aucune faute. C'est aussi ce qui faisoit prononcer hardiment à Quintilien, qu'il ne sçauoit lequel estoit le plus contraire à l'eloquence d'vn trop grand soin, ou d'vne trop grande negligence. Et à la verité l'Orateur aussi bien que le Preteur des Iurisconsultes méprise les petites occupations. C'est vn Hercule qui considere les choses basses comme des Pigmées indi-

Lib. 9. ep. 26 Nihil peccat, nisi quòd nihil peccat.

Lib. 9. cap 4.

gnes de l'arrester. Et quand son Genie l'emporte il fait gloire de fouler aus pieds les preceptes, comme vn cheual genereus qui rompt ses entraues pour franchir vne belle carriere. Cela se reconnoistra encore mieus par le troisiesme & dernier article qui regarde l'oraison entiere, & qui contemple l'eloquence dans sa plus grande majesté. Ie le commence ainsi.

 Ce n'est pas assez pour estre eloquent d'auoir fait vn chois exquis de belles paroles, & d'en auoir formé en suitte des periodes bié nombreuses, & qui contentent l'oreille parfaitement. S'il n'estoit question que de cela les meilleurs Musiciens seroiét encore les plus gráds Orateurs. L'eloquence se propose vne fin bien plus releuée; & si l'esprit ne demeure pleinement satisfait en toutes ses parties, elle ne possede rien de tout ce qu'on lui attribuë de grand & de magnifique. Il y a donc quelque chose dans vne piece d'eloquence qui importe dauantage que la beauté de la diction, & que la iustesse ou plenitude des Periodes. Pour prendre vne plus parfaite connoissance de ce que ce peut estre, il faut à mon auis que nous definissions l'eloquence. Et puis que Ciceron, au dire du plus capable d'en iuger de tous les Romains, a égalé lui seul la force de Demosthene, l'abondance de Platon, & la douceur d'Isocrate, nous lui ferions tort si nous empruntions d'vn autre la definition que nous cherchons.

Quintil. l. 10 c. 1

Ie ne me lasserai iamais de parler auantageusemét de ce grand homme, à qui ie dois les plus agreables diuertissemens de mes estudes. C'est l'vnique esprit, dit Seneque, qu'ait eu la Republique Romaine égal à l'estenduë de sa domination. Dés le tems de Quintilien Ciceron n'estoit plus le nom d'vn homme, mais celui de l'Eloquence mesme ; & on prenoit pour vne preuue certaine d'auoir beaucoup profité en ceste science charmante, si on receuoit vn plaisir extraordinaire en la lecture de ses escrits.

Præf. ad lib. 1. contr.

Lib. 10. cap. 1.

Or il me souuient d'auoir leu dans cét incomparable Orateur, que l'eloquence n'est rien autre chose qu'vne belle explication des pensées d'vn homme sage, *Nihil est aliud eloquentia, quàm copiosè loquens sapientia*. C'est vne definition qui se rapporte fort bien à ce que nous auons auancé dés la premiere partie de ce discours, qu'il estoit com-

In part. Orat.

H iiij

me impossible d'estre eloquent, sans l'aide de la Philosophie. Elle me fait encore souuenir de ce que nous remarquons dans Philostrate, que les plus anciens Sophistes qui estoient les sages de leur tems, faisoient profession d'enseigner la Rhetorique ; & que les mesmes precepteurs qui donnoient des leçons du bien dire, instruisoient encore à bien faire. Aussi comme le nombre des hommes sages à tousiours esté tres-petit, Marc Antoine disoit ordinairement qu'il auoit assez veu de beaus parleurs en sa vie, mais qu'il n'auoit pas conneu vn seul homme eloquent. Ce qu'il deuoit auoir retenu d'vn certain Mnesarchus, qui lui souftint dans Athenes, qu'encore qu'il se trouuast beaucoup de personnes du mestier de bien discourir, il n'y auoit nean-

Lib. 1. de vitis Soph.

Disertos se vidisse multos, eloquenté omninò neminé. Cicer. in Orat.

moins que le sage qu'on peut dire veritablement Orateur. Ie veus bien faire encore icy vne obseruation tres-expresse pour monstrer que l'eloquence & la sagesse ont vne merueilleuse conuenance entre elles. Peu de personnes ignorent combien la trop grande felicité est ennemie du bon esprit, que les afflictions aiguisent, lui donnant la meilleure trempe qu'il puisse receuoir; d'où vient l'opinion de quelques-vns qu'il n'y a point de plus grand mal-heur, que de n'auoir iamais esté malheureus. Seneque soustient de mesme que rien ne ruïne tant l'eloquence, que l'excez de la bonne fortune, qui empescha Mecenas, homme de tres-grand esprit, de reüssir vn des premiers Orateurs de son siecle. *Ingeniosus vir ille fuit*, dit Seneque, *magnum exemplum*

Oratore, nisi sapiens esset, esse neminem. Cic. lib. 1 de Orat.

Epist. 19.

Romanæ eloquentiæ daturus, nisi illum eneruasset felicitas, imò castrasset. Voila comme ce n'est pas sans sujet qu'on conioint la sagesse & l'eloquence, puis que non contantes d'estre bien ensemble, elles ont encore les mesmes ennemis.

Mais si nous voulons rechercher la cause pourquoi la sagesse entre dans la definition de l'eloquence, nous trouuerons que c'est pour ce que la bonne conceptiõ est le fondemét de toutes les belles paroles, & qu'il est impossible de bien dire sans auoir bien pensé. En effet il n'est point plus vrai dans les principes de la Philosophie Peripatetique, que les formes sortent de la puissance de la matiere, qu'il est certain dans l'art du discours que les principales graces du langage doiuent venir de l'excellence des choses qu'il explique, & que les plus grands ornemens de l'oraison se tirent ordinairement du merite des pensées. De là procede en partie ce que disoit Socrate que tout le monde est naturellement eloquent en ce qu'il sçait bien ; & ce que Ciceron soustient estre encore plus veritable, qu'il n'y a personne qui puisse auoir de l'eloquence en traittant des choses dont il n'est pas assez instruit. *Lib. 1. de Orat.*

Il y a encore vne autre doctrine tres-importante à recueillir de nostre definition ; c'est qu'il ne faut iamais s'amuser à chercher de beaus termes pour expliquer des bagatelles, en quoi il me semble que beaucoup abusent tous les iours merueilleusement de leur loisir. Nous voions de bien gros volumes écrits auec vn tres-grand soin, & vn chois de paroles fort exquises, dont neanmoins la lecture apporte si peu d'vtilité, qu'on la peut comparer aus promenades qui se font dans des forests de Cyprés, ou dans ces iardins d'Adonis & de Tantale, selon le prouerbe des Grecs, dont on ne rapporte iamais aucun fruict. Ce sont des toilles d'aragnée, pleines de subtilité & d'artifice ; mais qui ne sont bonnes qu'à prendre des moucherons. Si est-ce qu'il y en a qui prennent ces miserables trauaus pour des pieces d'eloquence, & qui la reduiroient volontiers à ceste vaine curiosité du langage, iointe à quelque petit nombre de regles grammaticales ; comme si elle n'estoit rien que cela, & comme si la grandeur des matieres, & le merite des pensées, n'en faisoient pas la plus essentielle partie.

Qu'ils apprennent de Demetrius Phalereus que nous deuons imiter le Peintre Nicias, qui ne s'amusoit iamais à portraire des fleurs, ni des oiseaus, n'emploiant son pinceau qu'en de grands suiets, comme sont les combats sur mer, & sur terre, qui obligent d'eus-mesmes, & par leur propre importáce à beaucoup d'attention. De mesme que le merite de la fable sert de fondement & de recommandation à la poësie, disoit Nicias, l'argument d'vn tableau le rend souuent aussi considerable que la main de l'ouurier, & fait la meilleure partie de sa peinture. Il en faut croire autant de l'oraison, qui ne peut estre belle ni grande si son sujet n'y contribuë. Et ce mesme Orateur de qui les Atheniens briserent par enuie les trois cent soixante statuës d'airain, *Tr. de Eloc.* *Diog. Laërt in Dem.*

qu'ils auoient esleuées à sa vertu, nous enseigne en vn autre endroit, que d'emploier de beaus mots à expliquer vne chose de neant & ridicule, c'est faire comme ceus qui donnent des habits Roiaus à vn singe. Et sans mentir nous pouuons soustenir, que les plus belles paroles du monde sans la solidité des choses, ne sont pas plus considerables que des coups de canon sans boulet, qui font quelque bruit & ne touchent persone. Prendre bien de la peine a écrire, & ne rien dire de serieus ; c'est cultiuer soigneusement son champ, & manquer à le remplir de bonne semence. Et tant s'en faut qu'vn tel discours, qui n'a rien que l'écorce polie & luisante, soit à estimer, que s'il en falloit faire eslection, ou d'vn autre plus grossier, mais qui auroit le sens meilleur, c'est sans doute que ie m'arresterois tousiours au dernier, *Malim indisertam prudentiam, quam stultitiam loquacem.* Cic. 3. de Orat.

Ie serois bien fasché qu'on creust que ie vouluſſe icy condamner abſolument ce genre de liures qui se font principalement pour la recreation ; il y a des fables ingenieuſes dont Ariſtote confeſſe qu'vn Philoſophe peut eſtre amoureus; & l'on peut au contraire traitter des matieres importantes d'vne conception ſi baſſe, que quelque ornement de langage qu'on y apporte, le diſcours en ſera touſiours mépriſable. Les contes Grecs d'Heliodore, de Longus, & d'Achiles Statius ; les Latins de Phedrus, de Petrone, & d'Apulée meſme, quoi que fort eſlongné de la pureté Latine, ſont écrits de telle ſorte, qu'ils Lib. 1. metaph. cap. 2.

paſſent pour ouurages des Muſes. I'auoüe meſme que nous auons veu depuis peu de ces liures de Bergeries & d'auantures amoureuſes, compoſez auec tant d'art, de graces, & de iugement, qu'on ne leur peut dénier vn rang auantageus entre les pieces eloquentes de ce ſiecle. Ce n'eſt donc pas aus Romans ſimplement à qui i'en veus, ni à tout ce qui eſt écrit de bon ſens ſur quelque matiere que ce puiſſe eſtre. Ie me moque de tous ceus qui veulent triompher de quelques mots bien arrengez ce leur ſemble, bien qu'ils n'aient aucune conception raiſonnable; qui nous penſent debiter de la creſme foittée pour vne ſolide nourriture; & qui écriuant à la mode, comme ils diſent, mais ſans ſcience & ſans iugement, reſſemblent à ceus qui chantent

tent sans paroles, pour n'auoir encore que la simple connoissance des notes de la Musique.

On m'a fait quelquefois vne objection là dessus, que ie veus bien rapporter icy pour la resoudre, si ie puis. C'est que l'eloquence estant vne faculté populaire, & qui demande l'approbation de la multitude, il semble qu'on ait tort de mépriser les ouurages qu'elle estime, comme il paroist bien qu'elle fait ceus dont nous parlons, par le cours qu'ils ont, & le grand debit qu'en font les Libraires. La premiere de deus réponses que ie veus donner à cela est particuliere, & regarde les Romans & les liures d'Amour, qui pour estre tres-mal faits, comme ils sont assez souuent, ne laissent pas d'estre plus recherchez que les meilleurs qui se publient.

I

Car ie penſe qu'au lieu d'attribuer l'affection, que tant de perſonnes témoignent auoir pour ces liures fabuleus, à leur propre merite; on la peut bien mieus rapporter à cét inſtinct naturel que chacun reſſent de connoiſtre non ſeulement ce qui a de l'admiration, ſelon le dire d'Ariſtote, mais encore ce qui eſt indefini & ſans limites, comme ſont les fables, à cauſe qu'elles ont en cela quelque ſympathie auec noſtre eſprit, dont l'actiuité ne ſe borne point, parce que ſa nature eſt infinie. C'eſt vne raiſon de Phyſique, en voicy vne autre priſe de la Morale. On ne doute point que les paſſions n'agiſſent bien plus puiſſamment ſur les ames vulgaires & ignorantes, que ſur celles des ſçauans, qui ont appris à les moderer, & qui les ont comme domptées par la meditation. Or c'eſt le propre des narrations fabuleuſes d'exciter les paſſions humaines qui nous charment le plus. Ce n'eſt donc pas merueille ſi les liures de fables plaiſent dauantage à la multitude impertinente, qu'aus hommes ſçauans & iudicieus, qui ſont en fort petit nombre ; & par conſequent ſi ces compoſitions ſont les plus recherchées de toutes, non pas à cauſe de leur eloquence, ni de leur bonté formelle, mais ſeulement pour l'amour de la matiere qu'elles traittent. La ſeconde réponſe que ie donne à l'obiection propoſée eſt plus eſtenduë, & peut ſeruir à rendre raiſon de l'eſtat qu'on fait de tant de liures qui s'impriment iournellement ſur toute ſorte de ſujets, & qui pour n'auoir rien de bon ni de recommandable, ne laiſſent pas

d'eſtre dans vne aſſez generale approbation. Ie dy donc que cela
procede ſouuét du naturel de beaucoup de perſonnes, qui ne priſent
iamais rien que ce qu'ils croient
pouuoir imiter. Ils bornent la capacité & le bien dire des autres à
la portée de leur petit eſprit; & ils
limitent l'Empire de l'eloquence
aus termes de leur ſuffiſance, comme s'il n'y auoit rien au delà. Ciceron s'eſt plaint en plus d'vn endroit
de l'iniuſtice de tels iuges; & **nous
pouuons dire que ce ſont ceus qui
perſecutent encore auiourd'huy
auec le plus d'audace & d'animoſi-
té les trauaus qu'ils deſeſperent de
pouuoir égaler.** Car comme il y a
fort peu de Genies qui oſent aſpirer
à ceſte ſupreme eloquéce, qui gou-
uerne ſouuerainement en tous les
lieus où elle ſe rencontre, il y en a

Tātum quiſque laudat, quantū ſe poſſe ſperat imitari. in Orat. Quem ſperandi ſibi, eundem & benedicendi finem proponunt. Lib. 2. Tuſc. qʳ.

vne infinité d'autres au deſſous, qui condamnent effrontément, par la raiſon que nous venons de raporter, tout ce qui excede leurs forces. Ce ſont les meſmes qui donnent du credit autant qu'ils peuuent aus ouurages que nous blaſmons, pour n'auoir rien de ſolide. Et comme vne multitude peut beaucoup, principalement quand elle ioint l'artifice à la force, il ne faut pas s'eſtonner ſi la cabale des ignorans, & le monopole des hommes de petit talent, l'emporte ſur ceus dont ils ne peuuent ſouffrir le merite. En effet les liures courent leurs deſtinées auſſi bien que les hommes; & la vie ou la mort de ces enfans ſpirituels n'eſt gueres moins hazardeuſe que celle des autres. Il y en a qui finiſſent d'eus-meſmes, comme n'aiant rien de bon qui les puisse faire subsister. Les siecles d'ignorance sont des calamitez publiques, qui en font perir beaucoup d'autres. Mais la conspiration de certains enuieus, & l'artifice de ceus qui ne se conseruent que par de mauuais moiens, en opprime la meilleure partie. On dit que Menandre demanda autrefois de fort bonne grace à Philemon, s'il n'auoit point de honte de l'auoir si souuent vaincu par la pluralité des vois. A la verité il y a peu de Menandres auiourd'huy. Nous ne laissons pas pourtant de voir vn bon nombre de ces Philemons, que la faction de leurs semblables esleue dans les cabinets, & dans les ruelles de lict, beaucoup au dessus de ce qui leur est deub. Et de là vient ceste reputation mendiée, qui fait valoir des pieces de nulle consideration,

Quæso Philemon, bona venia dic mihi, cùm me vincis, non erubescis? A. G. li. 17. cap. 4.

comme si elles possedoient toutes les graces, & toutes les richesses de l'eloquence.

Afin qu'on ne pense pas que ie mes-estime tout à fait ceus qui n'ont que la seule connoissance des mots, auec l'artifice de les bien arrenger; ie veus leur donner icy vn conseil qui témoignera que ie les prise autant que ie dois. Ie serois donc d'auis qu'ils entreprissent la traduction des bons autheurs en nostre langue, où ie croy qu'ils peuuét acquerir beaucoup d'honneur. Ce n'est pas qu'il ne me souuienne fort bien d'vn prouerbe des Arabes, qui porte que nous ne valons gueres, si nous ne pouuons faire autant que l'aragnée, qui tire sa toille de son propre vêtre sans rien emprunter de personne soit pour la forme, soit pour la matiere. Mais ie pense qu'il faut prendre cela comme vne exhortation à ceus qui ont assez de naturel & d'industrie, pour imiter en tout ce laborieus animal. Ce qui n'empesche pas que beaucoup d'autres ne puissent s'occuper loüablement à de moindres trauaus, selon la portée de leurs forces; & que plusieurs mesmes ne se soient souuent amusez à traduire par quelque sorte de diuertissement, qui estoient tres-capables de produire de leur chef de fort bonnes choses. Car encore que Seneque ait fait quelque inuectiue dans l'vne de ses epistres contre les interpretes, comme s'ils n'auoient rien de genereus ; que plusieurs les comparent aus petits Peintres, qui s'amusent à copier des originaus ; & qu'on leur reproche souuent ce demi vers d'Horace,

Lib. 1.
ep. 19.

Lib. 1.
ep. 3.

——— O *imitatores seruum pecus.*

Si est-ce qu'il est certain que les plus grands personnages n'ont pas souuent dédaigné de s'appliquer à ce trauail. Et on ne peut nier que nous n'aions veu depuis peu des traductions si excellentes, qu'elles n'ont gueres moins acquis de gloire à ceus qui les ont faites, que le premier ouurage en pouuoit auoir donné à son autheur. La raison de mon conseil est fondée, sur ce que ne manquant à ceus à qui ie le donne que la valeur des pensées, & la grandeur de la conception, puis qu'ils ont l'elocution excellente; c'est sans doute que quand ils appliqueront la beauté de leur langage à quelque bonne matiere toute digerée, ils en pourront former des pieces d'eloquence qui seront de tres-grand pris. Et ie m'asseure qu'ils reconnoistront alors, que la maiesté des choses qu'on traitte est celle qui donne de nouuelles forces à l'esprit pour se bien exprimer, & qu'ils m'auoüeront eus-mesmes, que l'abondance des belles paroles doit naistre de la fertilité du suiet où on les emploie. Car c'est pour cela qu'Herodote & Xenophon ont esté prisez d'auoir sceu choisir de plus beaus themes d'histoire que n'a pas fait Thucydide, qui n'a écrit qu'vne guerre tres-mal entreprise, & aussi tres-malheureuse ; y aiant vn merueilleus des-auantage pour ceus qui pechent comme lui en ceste election.

Dion. Halic. etiss. ad Cn. Pop.

Ce peu que nous venons de dire en faueur des traducteurs, m'auertit de parler des citations en suitte, par ce que celui qui cite s'appuie, aussi bien que celui qui traduit, sur l'authorité d'autruy. Or dautant que ceus qui declament contre les allegations, ont principalement en horreur de voir rapporter les paſſages entiers des liures en la langue qu'ils ſont écrits, quand celle de l'oraiſon où ces paſſages ſont couchez eſt differente, nous examinerons vn peu leurs raiſons. Pour ce que ſi elles ne ſont pas bonnes, & qu'il n'y ait rien en cela de contraire à l'eloquence; beaucoup moins deura-ton trouuer mauuais, que quelques-vns citent des autheurs pour donner plus de credit à leurs ſentimens, quand ils ſe les approprient aucunement par la traduction.

On dit contre les allegations en langue eſtrangere, qu'vn diſcours qui contient beaucoup de paſſages differens non ſeulement pour le ſtile, mais meſmes pour le langage, ressemble à vne robbe de diuerses couleurs, & de plusieurs pieces raportées, qui la rendent ridicule. Que comme la Cigale d'Anacreon n'estoit ni sang, ni chair, ni os; on ne sçauroit dire non plus si vn tel discours est Grec, Latin, ou François. Mais qu'on ne le peut mieus comparer qu'à la victime tauelée, desagreable à Dieu, & que les Prestres de l'ancienne loi reiettoient de leurs sacrifices. Ceus de ceste opinion aioustent que c'est chercher bien mal à propos de la reputation dans la varieté des langues, puis que la seule malediction diuine les a introduites. Aussi peut-on *Lib. 20.* voir dans Iosephe, que les Iuifs ne *antiqu.* *c. vlt.* firent iamais aucun cas d'en sçauoir beaucoup, ne voulans point, comme il en parle, auoir cela de commun auec des esclaues. Et le pere de Ciceron difoit à ce propos *Lib. 2.* en riant, qu'vn feruiteur de Syrie, *de Orat.* d'où eftoient les Iuifs, fe trouuoit *Vt quifque optimè* ordinairement d'autant plus mé- *Græcè* chant, qu'il fçauoit mieus parler *fciret,* Grec. Par où il femble que fi les *nequiffimum.* Peintres ont bien donné le nom de corruption à la mixtion de leurs couleurs, il peut eftre appliqué encore plus proprement à la confufion du langage, qui pert tout à fait l'eloquence. Et qu'on peut fouftenir, que toutes ces citations dont nous parlons, ne font pas plus vtiles dans vne Oraifon, que les fleurs rouges & bleuës, qui font la ruïne des bleds où elles croiffent. Voions à cefte heure les raifons du party contraire.

Premierement pour ce qui eft de la diuerfité des langues, le reproche de leur origine n'empefche pas qu'elles ne soient vn don du sainct Esprit. La connoissance en a tousiours esté si glorieuse, qu'on disoit d'Ennius qu'il auoit trois cœurs, pour ce qu'il sçauoit le Grec, le Toscan, & le Latin. Et sainct Augustin confesse d'auoir offensé Dieu, méprisant d'apprendre en sa ieunesse la langue Grecque. Quant au meslange des idiomes, qu'on dit auoir mauuaise grace, & preiudicier mesmes à l'eloquence, les plus grands Orateurs, & entre autres Ciceron, dont ie me sers à tout propos, comme Patrocle du bouclier d'Achille, n'ont pas esté de cét auis. Le bien dire ne fut iamais plus fleurissant dans Rome que du tems d'Horace, qui remarque qu'on entrelassoit lors le Grec & le Latin aussi agreablement, que quand on ne faisoit du vin de Falerne & de

A. Gell. lib. 17. cap. 17.

Lib. 1. sat. 10.

celui de Chio qu'vn seul breuuage; encore qu'il reprenne au mesme lieu Lucilius d'auoir par trop rempli de dictions Grecques toutes ses poësies. Et certes on peut dire suiuant sa comparaison, que comme il y a des vins qui ne sçauroient estre passez d'vn vaisseau dans vn autre, sans qu'il s'éuapore la meilleure partie de ce qu'ils ont de spirituel & de genereus ; il en est de mesme de certains passages des meilleurs Autheurs, qui sont si exprez, & si significatifs en leur langue, que quand on les pense traduire, on est tout estonné qu'ils ont perdu quasi toute la grace & la force qu'ils possedoient au parauant. D'ailleurs c'est vne chose certaine, que ceste Academie des morts dont parle Lucien, est merueilleusement puissante à nous persuader en nous inſtruiſant. Que les Hebreus auoiét ſur cela bonne grace d'enterrer les defuncts en la poſture d'vn Docteur en chaire. Et que les raiſons des grands perſonnages qui nous ſont rapportées comme ſortant de leur bouche, nous enſeignent & nous émeuuent tout autrement, que quand nous les entendons d'vn autre organe, ſans qu'ils les authoriſent.

Il ſeroit beſoin d'vſer de beaucoup de diſtinctions ſur ce different, que nous obmettrons, puis que nous ne parlons icy que de l'eloquence Françoiſe, & que ie me ſuis reſtraint à dire ſeulement ce que ie penſe pouuoir ſeruir à ceus qui écriuent en noſtre langue. Ie ne rapporterai donc point la regle que quelques-vns ont voulu eſtablir, de ne meſler iamais des diſcours

Cardanus 2. Sap. p. 67.

cours d'vne langue poſterieure dans le corps d'vne autre plus ancienne, comme du François ou de l'Eſpagnol dans vne oraiſon Latine, pretendant qu'il y a ie ne ſçai quoi qui repugne à cela, & qu'il eſt des langues comme des greffes, dont il s'en trouue de telle nature, qu'elles ne peuuent eſtre entées ſur de certaines plantes. Mais pour venir à ce qui nous touche, il me ſemble qu'il faut conſiderer, que l'eloquence n'eſt pas vniforme, & n'a pas touſiours vn meſme viſage. Elle en change au contraire, & paroiſt toute autre, ſelon la diuerſité des matieres, des tems, des lieus, & des perſonnes. Car par exemple l'eloquence de Ciceron dans ſes epiſtres, & dans ſes liures de Philoſophie, eſt bien differente de celle dont il vſe dans ſes oraiſons. Et

K

nous voions qu'il n'a pas fait difficulté de mesler beaucoup de Grec, & de poësies Latines dans son stile epistolique, & philosophique, dont il s'est abstenu dans ses declamations au Senat, ou deuant le peuple. La raison est à l'égard du peuple, que comme il estoit de son tems Iuge absolu de la vie & des biens d'vn chacun, & qu'autant qu'il y auoit de Citoiens Romains, on peut dire que c'estoient autant de petits Rois, qui donnoient la loi aus plus grands de la terre, il falloit les informer de tout, & s'accommoder à leur capacité, qui ne souffroit pas qu'on leur parlast Grec, pource que la plus part d'entre eus ne l'eussent pas entendu. Ainsi les Orateurs Romains estoient obligez de former leur eloquence à ne se seruir que de la langue Latine; de forte que quand ils haranguoient au Senat, ils en vſoient encore de meſme, tant par l'accouſtumance qu'ils auoient priſe, que par vne certaine raiſon d'Eſtat, qui leur faiſoit craindre d'offenſer la maieſté de leur Republique, s'ils emploioiét vne autre langue que la ſienne. De là vient que nous ne voions dans toutes les oraiſons de Ciceron que deus paroles Greeques, l'vne en la ſeconde inuectiue contre Verres, & l'autre en la cinquieſme. Comme ie ne penſe pas qu'il ait rapporté de vers que dans ſon oraiſon pour P. Sextius, dans celle qui eſt contre Piſon, & dans vne autre pour le Roi Deiotarus. Quant aus Grecs, outre les meſmes cauſes d'inſtruire & d'émouuoir vne multitude ignorante de tout autre langage que le ſien, qui les obligeoient à ne parler que Grec, ils n'auoient pas suiet comme les Romains, & la plus part des autres Nations, de broüiller aucun idiome estranger auec le leur. Car les Grecs ont eu cela d'auantageus, que les sciences ne leurs estoient enseignées dans les Colleges ou Academies qu'en leur langue: de façon que quand ils eussent sçeu l'Egyptien, ou l'Hebrieu, ç'eust esté vne chose ridicule à eus de s'en seruir sans necessité, & pour n'estre pas entendus. Ie sçai bien qu'on a dit que Cadmus auoit apporté en Grece les lettres de Phenicie, par où il sembleroit que les Grecs auroient peu auoir quelque connoissance des langues Orientales. Mais sans nous amuser à examiner vne histoire qui est tout à fait du tems fabuleus, on ne sçauroit nier que la langue Grecque n'ait cela d'excellent, qu'elle seule sans rien prendre des autres leur preste les mots principaus & plus essentiels de toutes les disciplines. Ce qui monstre bien que les Escholes de Grece n'empruntoient rien du dehors, & par consequent que les Orateurs d'Athenes n'auoient pas suiet d'alterer leur langage pour se bien exprimer, comme ceus de Rome, & des autres païs, qui n'ont appris les sciences, ni l'eloquence mesme, qu'auec des termes Grecs. C'est donc pourquoi Ciceron écriuant à ses amis, qu'il sçauoit auoir fait le cours de leurs estudes dans Athenes comme lui, ou bien traittant des matieres de Philosophie, & de Rhetorique, n'a fait nulle difficulté d'emploier, non seulement des paroles Grecques, mais mesmes souuent dans ses lettres des passages entiers en Grec, sans qu'on puisse dire qu'il ait fait tort par là à son eloquence, ni qu'il ait esté moins disert dans ses œuures philosophiques, que dans ses oraisons.

Il faut maintenant appliquer cela à nostre vsage, & dire que comme l'Eloquence Romaine a plusieurs formes, & qu'elle se pare bien differemment selon les lieus où elle se veut faire voir, & les matieres qu'elle doit traitter ; l'Eloquence Françoise peut-estre considerée auec les mesmes diuersitez, se donnant quelquefois la liberté de prendre des parures estrangeres, qui lui seroient fort messeantes en vn autre tems. Car il n'y auroit point d'apparence de mesler du Grec, ni du Latin dans vn Roman, parmi vn discours populaire, ou dans quelque ouurage de pieté, qui doit eſtre veu par l'vn & par l'autre ſexe, & dont la lecture doit arreſter les yeus du peuple, auſſi bien que ceus des ſçauans. Mais quand vn Orateur entreprent de diſcourir ſur vn ſujet d'autre nature, lors qu'il parle pour eſtre écouté principalement des hommes d'eſtude, & que ſa matiere a beſoin d'eſtre appuiée de l'authorité des grands perſonnages, ie ne penſe pas qu'on doiue condamner ſes citations, ni que quelques paroles Grecques ou Latines puiſſent preiudicier à ſon bien dire. A la verité s'il en compoſoit vn diſcours de la façon de ceus que les Latins ont nommé Centons, & que ce ne fuſſent que des textes de differens autheurs attachez les vns aus autres, comme Lipſe les a mis dans ſes ſix liures de Politique, i'auoïe qu'vn tel trauail ne pourroit pas passer pour vne piece d'eloquence. Il y a de la retenuë, & quelque bien-seance à obseruer en cela. Ce qui n'empesche pas que comme beaucoup de personnes pechent en l'vsage immoderé des allegatiõs, il n'y en ait assez d'autres ridicules dans vne sotte affectatiõ de ne citer iamais personne, & de prédre tout chez eus ; semblables à cét Hippias Elien, qui se vantoit badinement de ne rien porter que ses mains n'eussent fait. Car i'attribuë facilement à ceste vanité le grand mépris que quelques vns font de toute sorte d'authoritez, pour mõstrer qu'ils ne produisent rien que d'eus mesmes, que les belles pensées sortent de leur teste, comme Pallas de celle de Iupiter, & qu'ils engendrent comme lui sans l'aide d'autruy. A quoi neanmoins on pourroit répondre, que la generation se fait par vne action si commune dans tous les ordres de la nature, qu'il n'y a pas lieu de faire tant de cas d'vne chose si facile; au lieu que c'est vn miracle de resusciter les morts en les faisant parler de telle sorte, que comme on a dit dans la Religion que les ossemens auoiét operé plus de merueilles que les corps animez, on peut soustenir de mesme dans la Rhetorique, que ceus qui ne sont plus ont beaucoup plus de forces à nous persuader, que n'en ont les viuans. Tant y a que nous voions dans ce beau dialogue des plus illustres Orateurs de Rome, qu'ils ne croioient pas que leur eloquence peust estre corrompuë par des citations, le discours d'Aper nous apprenant qu'on desiroit lors que les oraisons fussent parées des beautez de la poësie d'Horace, de Virgile, ou de Lucain; pour ne rien dire de celle d'Ennius, ou de Neuius qui remplit des pages entieres dans les œuures philosophiques de Ciceron. Ce qui n'est nullement contraire aus preceptes de la Rhetorique, puis qu'Hermogene témoigne dans son liure de l'Eloquence, que les vers ont fort bonne grace parmi la prose. Et nous pouuons encore remarquer par l'Apologie d'Apulée, l'vne des plus eloquentes pieces de toute l'antiquité, nonobstant les impuretez de quelques locutions dont nous auons desia parlé, que du tems des Antonins on ne pensoit pas que les passages Grecs & Latins deussent gaster vn bel ouurage, veu que celui-là est rempli de textes de Platon, & de plusieurs autres Philosophes, avec vn grand nombre de vers d'Homere, de Catulle, & de Virgile.

Ce seroit icy le lieu de dire nostre auis des stiles diferens dont on se sert auiourd'huy, puis que ceus qui condamnent les citations les considerent sur tout comme ennemies du beau stile. Mais desirant me tenir aussi esloigné de l'offense que de la flatterie, ie rendrai mon discours le plus general qu'il me sera possible, sans venir à aucune particularité qui puisse estre mal prise par qui que ce soit. Premierement il faut faire distinction entre les stiles, & les caracteres, ceus-cy estant limitez, & souuent semblables en plusieurs autheurs; là où les stiles sont infinis, & tousiours differens comme les visages, qui ne manquét iamais de quelque air particulier qui les distingue. Nous pouuons faire election de celui des trois caracteres qui nous agrée le plus, pour ce qu'ils dependent de l'art absolument ; au lieu que c'est la nature qui nous forme le stile, d'où vient qu'on ne iuge pas moins regulierement des mœurs d'vn homme par son stile, que par ce qui depend de la Physionomie. Enfin ce sont choses si peu semblables, qu'encore que beaucoup d'Escriuains aient conuenu d'vn mesme caractere, comme dans ces belles nuicts *Lib.7.* Attiques Pacuuius, Vlysse, & Car-*cap.14.* neades du grand ; Terence, Nestor & Diogene du moindre ; Lucilius, Menelaus, & Critolaus du mediocre ; ils ont tous eu pourtant leur stile à part, & chacun d'eus a retenu sa façon d'écrire conforme au

Genie qui le poſſedoit. Car c'eſt la varieté des humeurs qui cauſe celle du ſtile, qu'on peut dire n'eſtre rien autre choſe qu'vne certaine façon de s'expliquer, qui dépent du temperamét de chaque perſonne. Pour le moins eſt-ce l'opinion de Seneque, quand il souſtient que le ſtile de Mecenas n'eſtoit pas moins diſſolu que ſa vie, ni ſon eloquence moins licentieuſe que ſes mœurs. *Quid ergo*, dit-il, *non oratio eius æquè* Ep. 114. *ſoluta eſt, quàm ipſe diſcinctus?* Et lors qu'en vn autre endroit il veut que noſtre diſcours ſoit vn miroir qui exprime parfaitement toutes les bonnes ou mauuaiſes qualitez de noſtre ame; *Oratio vultus animi eſt, ſi* Ep. 115. *circumtonſa, & fucata eſt, & manufacta, oſtendit illum quoque non eſſe ſincerum, & habere aliquid fracti.* Voire meſmes il iuge des mœurs du tems par l'eloquence du siecle, *Argumentum est luxuriæ publicæ orationis lasciuia*; posant pour maxime que partout où le mauuais stile passe pour bon, il n'y a pas moins de corruption en ce qui touche la Morale, *Vbicumque videris orationem corruptam placere, ibi mores quoque à recto desciuisse non erit dubium.* Or pour ce que les Escholes traittent assez tous les iours de ce qui concerne les trois caracteres, & la subdiuision de chacun en trois autres; ie pense qu'il seroit aussi ennuieux qu'inutile de repeter icy vne leçon si connuë, ou de m'engager dans l'explication des sept Idées & formes d'oraison, selon qu'Hermogene les a conceuës. Ie me contenterai donc de faire quelques obseruations que ic croy estre tres-importantes à toute sorte de stiles, & dans quel-

Lib. 1. & 2. de form. Orat.

que caractere que l'on écriue.

Nous auons desia remarqué en parlant de l'obscurité des mots inusitez, que la premiere perfection du discours estoit d'auoir beaucoup de clarté, & d'estre fort intelligible. C'est pourquoi Denis d'Halicarnasse reprend si aigrement de certaines personnes qui ne loüoient de rien tant Thucydide, que de ce qu'il n'estoit pas entendu d'vn chacun, comme s'il n'eust deu l'estre que des hommes sçauans. Il leur reproche que par vne si dangereuse maxime, ils veulent establir dans la Republique des lettres vne espece de tyrannie de peu de personnes, qui possederoient seuls les liures, & se rendroient maistres absolus d'vn bié d'autant plus estimable, que plus de monde en est participant. Ce n'est pas qu'il ne

Quint. l. 1. c. 6. & l. 2. c. 3.

Ep. ad Tuber.

trouue bonne ceste composition austere, aspre, & amere, comme il la nomme, que Thucydide & Demosthene ont quelquefois affectée, auoüant qu'il n'y a rien de plus puissant à émouuoir les affections. Mais il ne peut souffrir que pour parler autrement que le commun, Thucydide se serue de beaucoup de façons de s'expliquer estranges, qui approchent, dit-il, du solœcisme, & qui iettent ce grand Orateur historien dans vne vicieuse obscurité, qu'on doit éuiter sur toute chose.

Et à la verité puis que nous ne visons, soit en parlant, soit en écriuant, qu'à mettre nos pensées en euidence ; d'où vient que les Grecs ont nommé la vois, comme si elle estoit la lumiere de l'entendement ; c'est sans doute que l'oraison qui
expli-

explique le plus nettement & le plus facilement ce que nous auons medité, doit estre estimée pour ce regard la plus excellente. Dieu qui est nommé le pere de la lumiere, la crea le premier iour, afin qu'elle éclairast le reste de ses œuures; nous apprenant par là de ne rien faire qu'auec le plus de clarté qu'il est possible. Ce n'est pas qu'il n'y ait eu de tres-grands personnages qui se sont pleus à rendre leurs trauaus fort obscurs, comme Heraclite fit les siens de Theologie, pour en cacher les mysteres à vn peuple grossier, qu'il tenoit aussi indigne qu'incapable de les entendre. Les Pythagoriens se sont serui à mesme fin de leurs symboles, les Platoniciens des Mathematiques, & les Egyptiens de leurs lettres hieroglyphiques. Aristote écriuit ses liures

Diog. Laërt in eius vita.

L

acroamatiques de telle sorte, qu'encore qu'il les eust donnez au public, il asseura Alexandre qu'il ne les auoit pas rendu communs pour cela. Et les Poëtes n'ont inuenté la meilleure partie de leurs fables, que pour couurir des veritez qu'ils ne pensoient pas deuoir estre diuulguées à tout le monde. Mais nous ne parlons pas icy de ce qui se fait à bon dessein, & pour des raisons dont la solidité se pourroit examiner ailleurs. On sçait bien que les sciences ont vn stile à part, qu'elles appellent didactique, ou enseignant, qui ne pretend à rien moins qu'à la gloire de l'eloquence. Nostre intention est de reprendre ceus qui preferent sans sujet les tenebres à la lumiere, qui croient qu'il n'y a rien de mieus dit que ce qui est de difficile intelligence, & qui prennent plaisir à imiter les obscuritez d'Antimachus, comme fit l'Empereur Hadrien, auec le mesme iugement dont il preferoit Caton à Ciceron, Cecilius à Salluste, & Ennius à Virgile. Car comme il y a des Escriuains qui ne s'expriment iamais qu'auec des enigmes, & à la façon des oracles, le plus souuent par vn vice de mauuaise conceptiō, qui fait qu'ils ne peuuent rien produire en suitte qui ne soit defectueus. Il se trouue des Lecteurs de mesme, à qui rien ne semble estre spirituel, ni bien dit, si leur esprit n'a beaucoup de peine à l'entendre; & qui ne trouuent iamais les choses grandes & admirables, que quád elles sont dans la confusion & dans l'obscurité, comme il arriue à tout ce qui est veu de nuict, qui nous paroist pour cela tousiours plus

Ael. Spart. in Hadr.

grand & plus considerable qu'il n'est en effect. Le defaut de ceus qui écriuent ainsi est semblable à celui de la premiere digestion, qui ne peut estre reparé par la seconde ni par la troisiesme. Vne chose mal conceuë ne sçauroit estre iamais bien enfantée. Et le manquement du principe paroist necessairement en tout ce qui en dépend. Quant à ceus qui n'admirent dans les liures que ce qu'ils ne peuuent comprendre, ils le font ordinairement par vne simplicité ignorante. I'ai veu des femmes ne trouuer point de plus capables Predicateurs, que ceus qu'elles entendoient le moins. Et Lucrece combattant les principes d'Heraclite soustient, que beaucoup ne les suiuent, que pour ce qu'ils ne sont pas intelligibles;

Omnia enim stolidi magis admiran- Lib. 1.
tur, amántque,
Inuersis quæ sub verbis latitantia
cernunt.

Ces vers ne peuuent estre mieus appliquez qu'au suiet dont nous parlons.

Encore que l'abondance des paroles, ne laisse pas d'estre quelquefois accompagnée d'obscurité, si est-ce qu'elle se trouue bié plus souuent dans le stile concis, que dans celui qui est plus estendu. Horace confesse, que taschant de dire beaucoup en peu de mots, il deuenoit insensiblement moins intelligible. Or ce qui fait que plusieurs affectent ceste façon d'écrire pressée, & comme les anciens la nommoiét Laconique ; c'est l'opinion qu'ils ont que les paroles doiuent estre considerées ainsi que les metaus,

Breuis esse laboro ? Obscurus sio. Lib. de arte Poët.

dont les plus nobles pesent en moindre masse, & valent dauantage que les autres. C'est pourquoy les Lacedemoniens se vantoient que leurs réponses courtes, & significatiues, estoient tout au rebours de leur monnoie de fer, dont il faloit de bien grosses pieces pour satisfaire à peu de chose. Et sans mentir ils ont esté admirables pour ce regard, & on peut dire que leurs propos ressembloient aus fruits à qui le Soleil, par vne extraordinaire maturité a laissé fort peu de corps & beaucoup de substance. Mais l'eloquence ne souffre pas tousiours vne si grande austerité que la leur. I'auoüe qu'il est à propos de retrancher d'vn discours les superfluitez qui ne sont bonnes qu'à le grossir inutilement ; & qu'il n'y a point de plume si bien taillée, qui n'ait besoin de faire de ces heureuses ratures. Cela vient de la fecondité de l'esprit qui produit plus qu'il ne faut, & qui a, aussi bien que le corps, ses coctions, & souuent ses excremens qu'il est expedient de reietter. Il ne faut pas pourtãt reduire l'embonpoint à la maigreur, & à la secheresse, puis que la santé de l'oraison, selon l'auis des plus grands maistres, est également distante de l'enflure, & de l'excessiue attenuation. Sur tout on se doit bien empescher de croire que toute sorte d'abondance soit icy vicieuse, n'y aiant rié qui face faire auiourd'huy de plus temeraires iugemens, à ceus qui condamnent sans discretion tout ce qui peut estre dit en moins de paroles. Il se trouue vne superfluité que les Grecs ont nommée pleonasme, & les Latins redondan-

Cic. lib. 4. l'He-renn. Quintil. l. 2 c. 4.

ce, qui est vne des vertus du discours, lors qu'elle sert à l'ornement du langage, ou à l'expression de la pensée. C'est pourquoi Alexandre le Sophiste l'a mise entre les figures de l'elocution. Et Quintilien confesse qu'on ne la peut reprendre, que quand elle est oisiue, comme il dit, ou tout à fait inutile, c'est à dire, lors qu'elle n'apporte ni grace, ni force aucune au discours. Il faut que i'adiouste encore vn mot d'auis à ceus qui reiettent absolument les repetitions. Car comme il y en a de fort impertinentes, il s'en trouue aussi d'autres qu'on ne sçauroit blasmer sans iniustice, & qui sont mesmes necessaires. L'eloquence d'Vlysse nous est representée par la facilité qu'il auoit à rapporter diuersement vn mesme conte,

Lib. 2. cap. 10. de fig. Lib. 8. cap. 3. & lib. 9. cap. 3.

Ille referre aliter sapè solebat idem. Le prouerbe permet de dire les belles choses iusques à dix fois. Et le Sophiste Theon obserue que Demosthene a bien repeté en mille façons vn mesme sens dans vne seule oraison. Voila comment toute sorte d'abondance ou de repetition n'est pas à reprendre, non plus que tout racourcissement d'oraison à loüer; estant besoin de faire en sorte que sans estre trop diffus d'vne part, on s'élogne de l'autre le plus qu'il sera possible, de ceste brieueté vicieuse, qui a esté tousiours estimée fort voisine de l'obscurité. Celui qui se souuiendra que toutes les vertus consistent en vne certaine mediocrité geometrique, également distante de l'excez & du defaut, ne s'estonnera pas que nous mettions tousiours l'eloquence en-

Ouid. 2. de arte am.

In Progymn.

Quò magis virtus eò magis medietas. Arist. 2. magn. mor. c. 3.

tre deus extremitez à fuir, puisque ses Professeurs l'ont qualifiée l'vne des plus grandes, & des plus éclatantes de toutes les vertus.

Esse v-nam ex summis virtutibus.
Cicer. & Quint. l. 2. c. 10.

Les exemples qui nous émeuuent dauantage, sont souuent encore plus instructifs que les enseignemens ; & si le chemin de l'imitation est bien plus court que celui des preceptes. C'est pour cela, que comme Epicure conseilloit dans la Morale d'auoir tousiours deuant les yeus vn Socrate, ou quelque autre personnage de vertu heroïque, afin que viuant comme en sa presence, le respect qui lui est deu tinst nostre vie dans le deuoir, & nous portast aus plus belles actiós.

Sen. ep. 11. & Arrian. lib. 2. cap. 18.

Longinus croit aussi que rien n'est tant capable d'esleuer l'Orateur à ceste sublime eloquence dont il traitte, de le faire conceuoir haute-

Cap. 11.

ment toutes choses, & de lui donner la force de les exprimer auec dignité ; que s'il se represente tousiours comment Demosthene ou Ciceron manieroient le suiet qu'il a entrepris, & de quels termes vraisemblablement ils vseroiét en vne pareille occasion. Il veut mesmes qu'on se figure ce que la posterité pourra penser de nous par nos écrits, & quel iugement elle deura faire de nos ouurages, n'estimant pas que sans ces considerations nostre ame puisse auoir d'assez genereus mouuemens, pour arriuer à ceste maiestueuse eloquence qu'il represente. A la verité ceus qui écriuent pour tout le genre humain, & pour tous les siecles à venir, ne se soucient gueres de la faueur des particuliers, ni de la reputatió d'vn peu de iours, ou de quelques années. Vne si belle idée qu'est celle de toute l'eternité n'engendre point de petites pensées. Et comme les hommes d'eminente vertu ne voudroient pour chose du monde cháger le caractere de leurs meurs à l'appetit d'vn peuple grossier; ceus dont nous parlons feroient la mesme difficulté de former le stile de leurs écrits au goust depraué de quelques personnes, aiant pour but la satisfaction de toutes celles qui ont l'vsage de la raison. Quant aus patrons de l'eloquéce sur qui Longinus veut qu'on se perfectionne, i'en proposerois volontiers quelqu'vn de nostre langue, sans les considerations qui m'ont iusques icy retenu de nommer personne. Ioint que si nous en voulons parler franchement, & vser de la liberté des anciens (de laquelle neanmoins nous auons encore plus degeneré que de leur eloquence) nous ferons contrains d'auoüer que nous n'auons point de modele chez nous à donner, qui puiſſe repreſenter ceſte parfaite forme de bien dire dont nous traittons. Ce n'eſt pas qu'on n'vſe auiourd'hui d'vn chois tres-exquis de belles dictions, & que l'art de bien tourner vne periode ne ſoit arriué au plus haut point de ſa perfection, ſelon nos coniectures precedentes. Mais pour ce que l'eloquence demande quelque choſe de plus que tout cela, comme nous auons auſſi deſia remarqué, ie confeſſe que ie ferois conſcience d'égaler aucun de nos Orateurs à ces vieus Grecs & Romains, qui ont conioint la grandeur des penſées à la beauté du diſcours, & vne connoiſſance parfaite des ſciences à

Cic. l. 3. de Orat.

l'elegance du langage. Monsieur du Vair ne nioit pas il y a fort peu de tems, que nous ne fussions encore bien loin de ces grands hommes là. Que si nous nous sommes auancez de quelques pas depuis luy, côme cela ne peut estre disputé sans iniustice, ce n'est pas à dire que nous puissions pretédre auec raison d'aller du pair auec eus. Nous nous arresterons donc à l'imitation de ceus que toute l'antiquité a reconnus pour les Dieus de l'eloquence. Et quoi que Ciceron declare que de son tems la force des Orateurs Atheniens estoit tout à fait ignorée, & qu'il n'y auoit que leur reputation qui fust venuë iusques à luy. Bien que par consequent nous ne puissions pas esperer auiourd'huy de pouuoir remarquer les principales graces qui sont dans leurs ou-

Tr. de l'Eloqu.

De opt. gen. orat. Atticorū oratorū vis ignota est, nota gloria.

urages ; de bien discerner le stile Rhodien, comme moien entre l'Attique & l'Asiatique; ni de iuger si Eschines auoit raison de reprocher à Demosthene qu'il ne parloit pas le pur Athenien. Si est-ce que pour peu que nous meditiós sur ce qui nous reste de leurs incomparables trauaus, il est impossible que nous n'en tirions insensiblement beaucoup de profit, de mesme que ceus qui prennent de la couleur & se haslent sans y penser en se promenant au Soleil. Pour ce qui est des Latins, il semble que comme nous sommes plus proches d'eus en toute façon que des Grecs, leur eloquence nous soit aussi plus connuë. Et neanmoins qui est-ce qui reconnoist à present dans Tite-Liue cét air de Padouë que Pollion lui a reproché ? Qui

Id. de Orat.

Quint. l. 1. o. 5.

oseroit reprendre vn stile pour a-
uoir trop du Toscan, & du Sabin,
comme Lucilius faisoit celui de
Vectius? Et qui peut s'apperceuoir
de ce ie ne sçai quoi de lasche &
d'enerué que Caluus & Brutus trouuoient dans les discours de Ciceron? Mais encore que nous ne pe-
netrions pas peut estre toutes les finesses d'vne langue qui n'est plus
que dans les liures, & que toutes ses
beautez n'arriuent pas iusques à
nous ; il en reste assez neanmoins
dans ses principaus Autheurs pour
nous seruir d'exemple, à former les
plus riches traits de nostre Eloquéce Françoise, qui ne peut tirer sa
nourriture de meilleur endroit,
pour parler comme Apollonius de
Rhodes, quand il disoit que la lecture estoit l'aliment de l'oraison.

Ie me sens icy obligé de donner
deus

Dial. de cla. or.

In Th. Soph. Progym.

deus auis. Le premier, que ce n'eſt pas merueille ſi nous n'auons perſonne parmi nous à imiter, qui n'éprouue la rigueur de beaucoup de Cenſeurs, puis que nous venons de voir que Demoſthene & Ciceron n'en ont pas eſté exemts de leur tems. Ce dernier fut accuſé de mal parler par vn Gallus Aſinius. Aper trouue que Caluus & Brutus auoiét raiſon de le reprendre comme nous auons dit, lui preferant meſmes l'Orateur Coruinus. Il ſemble que quelqu'vn lui impute dans Iuuenal d'auoir eu vne eloquence eſtrangere, ou Sauoyarde. Et Largius Licinius fit vn liure qui auoit le tiltre de *Ciceromaſtix*, comme qui diroit le foüet de Ciceron. Nous apprenons cela de A. Gellius, qui repare à mon iugement de fort bonne grace l'honneur de ce parfait Ora-

Satir. 7. Rufum qui toties Ciceroné Allobroga dixit.

Lib. 17. c. 1.

M

teur, quand il compare ces iniustes Censeurs à de certains monstres d'hommes, pour les nommer comme lui, qui osent bien écrire des impietez, & faire paroistre les mauaises opinions qu'ils ont de la diuinité. Le second auis sera plustost de Seneque que de moi, puis qu'il le donne à ses enfans dans la preface du premier liure de ses Controuerses. C'est qu'il ne faut iamais s'arrester à l'imitation d'vn seul Autheur, quelque excellent qu'il puisse estre; parce que celui qui copie n'égale iamais son original, toute ressemblance aiant cela de propre, qu'elle est tousiours inferieure au suiet qu'elle represente. Quintilien a volontiers embrassé ceste opinion, non seulement, dit-il, à cause qu'vn homme qui n'a pour but que de suiure les pas de celui

Lib. 10. cap. 2.

qui le precede, ne le deuance iamais; mais encore pour ce qu'il est quelquefois plus facile de faire dauantage, que simplement autant qu'vn autre, & de le surmonter, que de l'égaler seulement. De là vient qu'apres auoir exalté l'esprit de Ciceron sur tous ceus de la Grece, & declaré qu'il ne faloit point chercher ailleurs que dans ses œuures la perfection de l'eloquence; il conseille neanmoins qu'en imitant vn si excellent prototype, on tasche d'y adiouster la force du stile de Cesar, l'aspreté (c'est ainsi qu'il l'appelle) qui recommandoit l'Orateur Cœlius, la diligence de Pollion, & le iugemẽt de Caluus. Nous imiterons, en vsant de la sorte, le Peintre Zeuxis, qui tira la beauté de sa belle Helene de toutes les graces que les plus belles filles de Cro-

Plerumque facilius est plus facere, quam idem.

tone possedoient separément. Et nous ferons comme ce vilain pay-

In Rhet. Prac. san, dont parle Denys d'Halycarnasse à ce propos, qui exposa aus yeus de sa femme les plus beaus tableaus qu'il peût acheter, de crainte qu'elle ne fist des enfans qui lui ressemblassent, si elle n'auoit point de plus agreable obiect à regarder.

In Progymn. Le Sophiste Theon monstre que non seulement Demosthene imitoit de la sorte les Orateurs Lycurgue, Lysias, & tous les autres qui l'auoient precedé; mais qu'il n'y en a point eu qui n'aient ainsi paraphrasé plusieurs Autheurs, dont ils taschoient de ramasser en vn toutes les perfections.

Mais quelque belle image que nous contemplions en craionnant nos conceptions, & quelque peine que nous prenions à copier ces beaus originaus de l'antiquité, ou ceus de ce tems que nous iugerons dignes d'estre imitez, il le faut faire auec beaucoup de discretion, & se souuenir que le plus grand artifice de tous, consiste à bien cacher celui dont on se sert. Tous les Rheteurs ont conuenu de ce principe. Seneque le Declamateur se moque *Proæm. l.1.cont.* de l'impertinence de ceus qui ne penseroient pas estre subtils, s'ils ne faisoient paroistre leur subtilité, qui cesse neanmoins d'estre telle, aussi tost qu'elle est renduë visible. Et Quintilien dit en general la mes- *Lib. 4. cap 2.* me chose de l'art dont il faisoit profession, qu'au lieu de se perdre en le couurant, comme quelques vns s'imaginoient mal à propos, c'estoit le ruiner tout à fait que de le faire paroistre, & qu'il n'y auoit plus d'art s'il estoit reconnoissable. La

M iij

raison de cela se prend de ce que la fin de l'Orateur est d'estre creu cōme veritable, à quoi il semble qu'il n'y ait rien de plus contraire que l'artifice. Car c'est vne maxime fort asseurée que par tout où on en remarque beaucoup, on pense tousiours qu'il y a fort peu de verité. Il vaut donc mieus vser de ceste negligence diligente, dont parle Ciceron, que de trauailler auec vne peine trop exacte, & où on puisse remarquer plus de curiosité que la bien-seance n'en demande. Veu mesmement que comme il obserue ailleurs, l'eloquence n'est pas venuë de l'artifice, mais au contraire celui-cy est né de l'eloquence, qui l'a precedé. Et peut estre que le soin excessif de garder tous les preceptes des Rheteurs, a donné lieu au reproche qu'on leur a fait, d'auoir

In Orat. Quædā etiā negligētia est diligens.

Lib. 3. de Orat. Non eloquentiam ex artificio, sed artificiū ex eloquentia natum.

causé autant de desordres dans l'eloquence, que les Sophistes en ont introduit dans la Philosophie. Platon veut qu'on se porte aus plus serieuses actions auec quelque sorte de recreation, par ce que c'est ainsi qu'on imite l'autheur de la nature, qui n'a fait, dit-il, l'homme mesme son chef d'œuure, que comme en se iouänt. Non contant d'en auoir donné le precepte, ce diuin Philosophe l'a pratiqué lors qu'il a traitté de l'eloquence, n'aiant paru nulle part plus grand Orateur, que quand il s'est moqué si gentiment des Orateurs dans son Gorgias. Or les choses qui sont écrites de la sorte auec facilité, ont tousiours vn air qui les rend plus agreables, & si elles n'en sont pas moins excellentes pour cela. Tant s'en faut, c'est vne obseruation que fait Quinti-

Dial. de cl. Orat.

Lib. 6. de leg.

Cic. l. 1. de Orat.

Lib. II.
cap. I.
lien, en citant, comme il lui arriue si souuent, son grand maistre Ciceron, qu'il n'y a point de pieces plus admirables dans toute l'eloquence, que celles qui paroissent les plus aisées, & qui sont neanmoins les plus difficiles à imiter.

Comment est-ce que ceste souueraine faculté se pourroit assuiettir bassement à quoi que ce soit, si elle fait profession de commander par tout, & de donner ses lois en Monarque, sans les receuoir de personne. Platon le dit ainsi dans son Politique, & monstre que l'eloquence a quelque chose de commun auec la dignité Roiale. C'est pourquoi il y en a qui ont soustenu que Pericles n'estoit pas moins Tyran d'Athenes, que Pysistratus; sans y reconoistre d'autre difference, sinon que celui-cy exerçoit son

Empire armé, & l'autre sans armes
par la seule terreur de sa parole,
qu'Aristophane comparoit à vn *In Neb.*
toudre, comme Homere celle d'V- *Ilia. y.*
lysse à vn torrent, qui entraisne tout
auec soi par sa violance. De là vient
aussi ce que d'autres ont remarqué
qu'Alexandre n'auoit pas eu moins
de peine à faire taire l'eloquéte ville
d'Athenes, qu'à contraindre la genereuse Sparte à seruir. En effect
ce que peut le fer en vne armée, l'e-
loquence le fait en vne assemblée
d'hommes raisonnables dont elle
se rend maistresse absoluë. Et cer- *Cic. l. 1.*
tes c'est vne chose admirable, que *de Inuët.*
                                              & l. 1. de
comme nous auós obtenu vn com- *Orat.*
mandement absolu sur le reste des
animaus par le moien de la raison,
& de la parole qui en est l'image;
nous puissions encore posseder la
mesme authorité entre les hom-

mes, par vn plus parfait vsage de cefte mefme parole, & par vne plus exquife communication du difcours, & de la raifon, que nous donne l'eloquence. Il ne faut pas penfer qu'vne vertu fi efleuée, & fi maieftueufe, s'aille abbaiffer feruilement iufques aus moindres regles de Grammaire ou de Rhetorique. Elle eft fi ialoufe de fa liberté, qu'on a creu qu'elle ne fe plaifoit que dans les Eftats populaires, où elle ne trouue rien qui ne ploie fous fes volontez. Comme fi c'eftoit pour cela qu'il a paru plus d'Orateurs dans les petites Democraties d'Athenes, ou de Rhodes, pour ne rié dire de celle de Rome, que dans toutes ces grandes Monarchies de Perfe, ou de Macedoine. Ie fçai bien qu'on en donne vne autre raifon, & qu'on a dit que l'eloquence estoit vne faculté populaire, qui trouuoit son principal lustre dans le trouble des estats commandez par vne populace. Car comme les bons Capitaines se font en tems de guerre, il semble que les plus excellens Orateurs se soient rendus tels, dans ces violantes agitations que souffrent quelquefois les Republiques. C'est pourquoi ils ont esté plus rares dans les Estats bien policez, tels que ceus de Crete, & de Sparte, pour ce que leur bonne constitution ne souffroit pas de si grandes alterations. De sorte que comme il se trouue fort peu de Medecins où il n'y a gueres de malades, le nombre des Orateurs a esté tres-petit dans les gouuernemens moins suiets à estre esbranlez par des mouuemens seditieus. Mais quoi qu'il en soit, Longinus, qui

Dial. de cl. Orat.

Cap. 39.

veut que les Democraties soient les meres nourrices de l'eloquence, se fonde sur ce que la seruitude est son ennemie mortelle, & sur ce qu'il y a vne opposition formelle entre la condition d'vn homme serf qui tremble tousiours, & celle d'vn Orateur dont tous les mouuemens doiuent estre hardis & genereus.

Ceste grande liberté n'empesche pas pourtant qu'il ne soit obligé d'obseruer de certaines choses tres-soigneusement. Et premierement il ne se peut pas dispenser de garder le plus d'ordre qu'il lui sera possible en tout ce qu'il écrira. L'ordre est ce feu de Promethée, sans lequel tous nos ouurages paroissent inanimez. C'est la chaisne d'or qui lie tout ce qu'il y a de beau dans le monde. Et il est particulierement dans le discours, ce qu'est dans vne armée la discipline, sans qui la valeur des soldats seroit inutile. Voire mesmes comme vne assemblée de trente mille hommes ne fait pas vne armée pour cela, si l'ordre militaire n'y est obserué ; & comme vne grande quantité de materiaus ne peuuent pas former vn palais, s'ils ne sont arrengez auec la symmetrie que demande l'architecture ; les plus belles paroles, & les plus nobles conceptions que nous pouuons auoir, ne sçauroient non plus composer vne oraison parfaite, si elles n'y sont disposées en bon ordre. Il y en a qui ont dit que l'homme seul auoit du sentiment & de l'amour pour luy, ne considerant pas que les moindres insectes, comme les mouches à miel, & les aragnées, font assez paroistre en leurs petits trauaus combien elles se plai-

Cicer. 1. de offic.

sent aus choses bien compassées. Ie trouue la maxime d'Aristote biē plus raisonnable, quand il souftient que tout ce qui se fait contre l'ordre, se fait contre la nature, qui est admirablement ordonnée en toutes ses parties. Ainsi rien ne nous pouuant exempter de suiure ses lois en cecy, il n'est pas en la liberté de l'Orateur de parler auec confusion, & sans ordre.

Il ne doit pas non plus s'esloigner tant soit peu de ceste bienseance que Roscius disoit estre la principale partie de son art, encore que ce fust la seule chose que l'art ne pouuoit enseigner par preceptes. Le mesme se peut dire dans celui de la Rhetorique, où il faut sur tout auoir égard de ne rien prononcer qui ne conuienne au tems, au lieu, & aus personnes. C'est pour

Lib. 8. Physic.

Caput artis decere. Cic. l. 1. de Orat.

cela que le Sophiste Theon loüant Homere de n'auoir fait parler personne dans son poëme que fort coüenablement à sa profession, reprend au contraire Euripide d'auoir souuent peché en ceste partie, comme quand il attribuë des discours philosophiques à Hecube, qui sont du tout au dessus de sa portée. Ie n'entreprendrai pas d'exprimer nettement en quoi consiste ceste bien-seance, puis que Roscius & Ciceron ont creu qu'il n'estoit pas possible d'en donner aucune leçon suffisante. Nous prendrons neanmoins vn exemple des plus notables, qui nous en fera reconnoistre l'importance. Lisias composa vne fort belle harangue pour Socrate, qui lui fut portée dans sa prison, afin qu'il s'en seruist. Elle estoit des plus eloquétes & des plus

In Progymnas. p. 230.

artificieuses, comme aiant esté faite par vn des premiers Orateurs de ce tems-là. La piece fut aussi trouuée tres-bien écrite par Socrate. Mais, dit-il, on me pourroit bien apporter de mesme des souliers Sicyoniens tres-bien faits, & de fort bóne mesure pour mon pied, dont neantmoins ie ne me seruirois iamais, par ce qu'ils ont quelque chose d'effeminé, & d'indigne d'vn homme de ma sorte. Ie ne pense pas que ie doiue vser non plus de la belle oraison de Lisias, quoi qu'elle soit des plus disertes, puis qu'elle n'a rien de ceste generosité philosophique dont ie fais profession. C'estoit parler en Socrate veritablement. Si est-ce que voulant obseruer vn peu apres la bien-seance que Lysias auoit negligée, il vsa bien de termes propres à vn pere commun
de tous

de tous les Philosophes, mais qui l'eſtoient ſi peu à l'égard de ſes iuges, quand il leur ſouſtint qu'au lieu de le punir, ils eſtoient obligez de le faire honorer & nourrir par le public, qu'il attira ſur lui par ces propos trop libres pour le lieu, le plus inique iugement que la Grece ait iamais rendu. En effet tout le monde a creu que ſi Socrate euſt eſté Orateur & Philoſophe tout enſemble, & qu'en conſeruant ſa dignité il euſt peu accommoder ſon diſcours à ce que demandoit vne aſſemblée qui iugeoit ſouuerainement de ſa vie & de ſon honneur, iamais Anytus & Melitus n'euſſent eu le pouuoir de le faire condamner. Or ſans examiner dauantage le procedé d'vn ſi grand perſonnage, dont on ne ſçauroit parler auec trop de reſpect, nous remarquerons qu'outre la bienseance qui doit estre gardée aus choses importantes, & en ce qui touche les pensées ; il y a encore ie ne sçai quoi en la façon de les debiter, & qui s'estend par tous les membres de l'oraison, où il faut curieusement éuiter ce qui approche seulement de l'indecence. C'est en cela que Roscius disoit que l'art estoit defectueus ; & c'est sur ce suiet que Platon reprenoit Xenocrate de n'auoir pas sacrifié aus graces, sans qui personne ne peut qu'inutilement pretendre à l'eloquence. Ces mesmes graces pourtant nous apprennent qu'elles ne doiuent pas estre prodiguées indifferemment ni mal à propos. L'Empereur Constans haranguant les Sarmates en termes choisis, & tels qu'il eust peu emploier parlant à vn peuple Romain, l'vn de ces barbares, que l'histoire dit auoir esté Silesien, eut la hardiesse de lui ietter des ordures dont il lui couurit tout le visage. Tant il est vrai qu'il faut vser des graces mesmes auec discretion, & que la bien-seance est quelque chose au delà, & qui ne se peut bonnement exprimer.

<small>Vnus è Quadis.</small>

Il faut encore que l'Orateur se tienne dans l'obseruation de beaucoup de preceptes importans, dont les maistres de Rhetorique ont fait de bien gros commentaires. Ce doit estre neantmoins noblement, & d'vne façon libre & genereuse, dont ie pense que nous nous sommes assez expliquez. A la verité, vn ancien a escrit qu'il n'estoit pas tant sorti de Heros du cheual de Troye, que de l'eschole d'Isocrate. Denys d'Halicarnasse exprime la

<small>In Rhet. praed. Iudic. Isocr.</small>

mesme pensée d'vne autre façon, quand il dit que comme plusieurs colonies d'hommes auoient esté tirées de la ville d'Athenes, il n'estoit pas moins parti de colonies d'Orateurs de la seule classe d'Isocrate. Et c'est sans doute qu'on ne sçauroit arriuer à l'Eloquence par vne voye plus courte, ni plus seure, que par celle des regles de l'art, dont ce grand homme & ses semblables nous ont fait des leçons, pourueu que ce soit auec la moderation qu'eus mesmes nous ont prescritte, & que nous y apportions le temperament que nous auons dit. Ie remarquerai sur le suiet de ceste comparaison, que Longinus en condamne vne de Timée toute semblable, que ie n'ai iamais creu deuoir estre prise pour froide comme Longinus la nomme, ni meri-

cap. 3.

ter vne si rude censure que la sienne. C'est où cét historien disoit qu'Alexandre le grand prit toute l'Asie en moins de tems, qu'Isocrate n'en auoit emploié à composer son oraison panegyrique qui portoit les Grecs à l'entreprise de la guerre contre les Perses. Longinus s'écrie là dessus qu'il ne se peut voir vne plus inepte conception, ni vne comparaison plus ridicule, que celle d'vn si braue Empereur auec vn simple Sophiste. Ie dis premierement, que pourueu qu'vne comparaison soit propre au sens pour lequel elle est donnée, on ne la peut reprendre comme mauuaise, encore qu'elle ne s'aiuste & ne conuienne pas en tous les rapports qu'on voudroit lui donner. C'est pourquoi ceste-cy n'aiant esté faite que pour mesurer le tems des conquestes d'Aléxadre, à quoy elle est tres-propre, c'est vne iniustice de la vouloir reietter pour ce qu'il n'y a pas assez de resemblâce entre Alexâdre & Isocrate. Autremēt, la precedente qui met en parallelle vne eschole auec le cheual de Troie, & les disciples d'Isocrate auec tous les Héros de la Grece, ne seroit pas moins ridicule, que Ciceron pourtant a trouuée bonne, & qui n'a iamais esté reprise de personne. Ie répons en second lieu pour Timée, que tant s'en faut qu'il ait voulu égaler en tout vn Declamateur à cet inuincible Monarque, que sa comparaison contient en soi vne opposition de l'vn à l'autre, auec vne loüange tres-exquise d'Alexandre, à qui il ne falut pas tant de tems pour dompter toute l'Asie, qu'vn Orateur en consomma dans les

Lib. 2. de Orat.

preparatifs de sa harangue.

 Pour retourner à nostre principal propos, il est necessaire sur tout que celui qui desire arriuer à ceste sublime & excellente forme d'eloquence, se souuienne qu'encore que ses trois vertus d'estre correcte, claire, & ornée, se doiuent trouuer dans toutes les differentes especes d'oraison ; il y a quelque chose de plus dás le souuerain genre de bien dire, & dans ceste supreme eloquence, qui tient en main le gouuernail de nos ames, & qui conduit où elle veut toutes nos volontez. C'est d'elle que vouloit parler Ciceron, quand il disoit qu'il n'estimoit point de veritable eloquence, que celle qui nous rauit d'admiration. Et ie me souuiens que Pline le ieune compare pour cela l'Orateur à celui qui chemine sur la cor-

Quint. l. l. 6. 5.

Ep. ad Brutum. eloquétiã quæ admirationem non haber, nullam iudico. Lib 9. Ep. 26.

de, dont l'adreſſe remplit d'eſtonnement tous ſes ſpectateurs. Car il y a des eloquences vulgaires, qui ne laiſſent pas d'auoir leur pris, comme la plus petite eſtoille a ſa lumiere eṅ ſon influence, auſſi bien que la plus grande. Celles-là ſont bónes en beaucoup de lieus où il ne ſe rencontre pas de grádes difficultez à obtenir la fin qu'on s'eſt propoſée. L'Eccleſiaſtique dit qu'vn lourdaut eſt auſſi aiſé à perſuader, qu'vn enfant à faire pleurer, car c'eſt ainſi qu'on peut interpreter ces paroles,

Cap. 19. *A facie verbi parturit fatuus, tanquam gemitus partus infantis.* Ce n'eſt donc pas merueille s'il ſe trouue à proportion des perſonnes qu'vne fort mediocre faculté de diſcourir tourne comme elle veut. Mais quand il eſt queſtion de gagner creance parmi les plus habiles hommes, de conuaincre les plus solides esprits, & de forcer les plus opiniatres & les plus incredules à suiure les opinions que nous auons entrepris de leur faire receuoir ; c'est lors qu'il est besoin de la plus haute eloquence, qu'il faut déploier ses maistresses voiles dont on a tant parlé, & qu'à moins d'vser du plus parfait genre d'oraison, plein de merueilles & d'admiration, on ne fera iamais rien qui approche de la gloire des anciens. I'apprens d'eus qu'il est besoin pour cela d'vne estude consommee dans la plus part des sciences. Quintilien compare ceus qui n'ont pas fait leur prouision des choses necessaires à l'eloquence, aus hommes qui n'ont point de patrimoine, qu'on voit tousiours aus empruns & dans la basse necessité. Il veut, pour éuiter cét inconue-

Prœm. lib. 8.

nient, qu'on ait fait chois & amas de longue main de tout ce qui concerne le langage, mais que le principal soin soit des choses, & des matieres, qu'il faut posseder en pleine proprieté, comme disent les Iurisconsultes, afin de s'en seruir vtilement & de bonne grace aus occasions. Et il donne pour le plus important auis de tous, de ne nous pas amuser à cultiuer le champ de l'eloquence, auec ce seul dessein de le remplir de lis & de violettes, au lieu de bleds & de vignes ; preferant tousiours l'oliuier qui porte du fruict, au myrte qui ne sert qu'à l'ornement, & qui n'a qu'vne verdure inutile. Et neanmoins il y en a qui font conscience de faire paroistre quelque doctrine dans leurs écrits, qui croient mesmes qu'il n'y a rien de plus contraire à l'eloquen-

Lib. 2. cap. 3.

ce, & que les lettres, qu'on appelle, ont ie ne sçai quoi de corrosif qui affoiblit l'esprit, & qui lui desrobe vne partie de ce qu'il a de meilleur. Sans mentir elles lui ostent quelque chose, ne fust-ce que la roüille & les taches de l'ignorãce; la science est honteuse, mais c'est parmi les barbares; & i'auoüe qu'elle fait preiudice à l'eloquence, si on s'en sert sans iugement, & qu'au lieu de la bien emploier on en abuse. Car comme il se trouue des personnes qui méprisent tout à fait l'estude & les liures, il y a des demi-sçauans, pour ne rien dire de pis, qui se rendent les plus importuns du monde en ce peu de connoissance qu'ils ont. Ils veulent passer pour ce qu'ils ne sont pas, & font comme les petits hommes qui deuiennent ridicules à force de s'esleuer sur le bout des pieds pour paroiſtre plus grãds que la nature ne les a faits. Et quoi que tout ce qu'ils produiſent ſe reſſente le plus ſouuent de la foibleſſe d'vn principe defectueus,

Et patrum inualidi referãt ieiunia nati,
Si eſt-ce qu'ils ſont auſſi inſupportables en ce qu'ils ne ſçauent qu'à demi, & qu'ils debitent touſiours mal à propos, que ceus qui ont vne profonde & veritable ſuffiſance paroiſſent moderés en tout ce qu'ils font, auec vne diſcretion qui n'ennuie iamais perſonne. La deciſion de ce different eſt ſi expreſſe dans le paſſage que ie vai rapporter, que ie ne puis m'empeſcher de le coucher en ſes propres termes. *Nihilominus confitendum eſt etiam detrahere doctrinam aliquid, vt limam rudibus, & cotes hebetibus, & vino vetuſtatem: ſed vitia detrahit, atque eo ſolo mi-*

<small>Quintil. l.2.c.12.</small>

nus est quod literæ perpolierunt, quo melius.

Ie finirois par ce bel endroit, s'il ne me restoit à dire au suiet de la haute eloquence qui nous remplit d'estonnement, que comme rien ne la recommande dauantage que l'excellence d'vn sçauoir extraordinaire ; il n'y a rien aussi qui soit plus capable de la deprimer que ce soin trop exact, & cette basse curiosité que nous auons blasmée, tant au chois des paroles, qu'en la construction des periodes, & dont on ne sçauroit trop s'esloigner dans tout le cours de l'oraison. Et sans mentir nous n'admirons pas les petits ruisseaus, encore que leurs eaus soient toutes claires & sans ordures ; là où le Nil, le Rhin, & le Danube, sont tousiours respectez, bien qu'ils soient souuent fort troubles, & que leur limon paroisse meslé de mille saletez. On ne fait pas grand cas non plus d'vn petit feu, pour clair & pur qu'il puisse estre; là où nous mettons au rang des plus rares merueilles de la nature ces embrasemens d'Etna, & du Vesuue, qui iettent auec leurs flammes vne infinité de souffre & de pierres. L'eloquence vulgaire coule fort nettement à la verité, & elle a ses lumieres si pures, & si éclatantes que rien plus. Mais la grandeur de l'eloquence dont nous parlons, peut estre comparée à celle de l'Ocean, plustost que d'vne simple riuiere; & toutes les bouches de Vulcain ne causent point de tels incendies que celle d'vn Orateur, de laquelle nous auons desia dit qu'il sortoit des foudres dont personne ne se peut garentir. Longinus, que i'ai tant de fois cité dans ce difcours, monftre par les plus beaus exemples qu'il pouuoit choifir dãs fa langue, combien les grands Autheurs fe font donné de liberté à cõmettre des fautes, que de moindres qu'eus n'euffent pas voulu faire. Et premierement on peut voir, dit-il, dans le poëme heroïque, qu'Apollonius qui auoit écrit le voiage des Argonautes, s'eft toufiours tenu dans l'obferuation des regles; tout au contraire d'Homere, qui les méprife par tout, & qui prend des licences qu'on pardonneroit difficilement à vn autre. Ce pendant y a t'il perfonne qui aimaft mieus eftre Apollonius qu'Homere? Pindare entre les Lyriques a imité Homere en fes libertez. Et neanmoins perfonne vrai femblablement ne lui voudroit preferer

le Poëte Ion, qui a esté beaucoup plus retenu & plus exact que lui dans ses ouurages. Que si nous cósiderons le grand nombre d'erreurs dont Sophocle ne s'est pas soucié de remplir ses Tragedies, nous aurons occasion de nous estonner, que cela n'empesche pas qu'il ne soit cent fois plus estimé qu'vn Bacchilides, qui n'eust pas voulu laisser le moindre defaut dans les siennes. C'est ainsi que ce Rheteur prouue son dire par la comparaison des premiers hommes de sa nation auec leurs inferieurs. Si nous osions tirer des paralleles semblables entre nos Escriuains de ce tems, il seroit aisé de faire connoistre que ceus qui trauaillent le plus religieusemét selon les preceptes de la Grammaire, & de la Rhetorique, ne sont pas tousiours pour cela les premiers
de

de leur meftier, ni ceus qu'on doit fans exception prendre le plus à imiter. Quant aus anciens Orateurs, nous auons defia monftré combien ils ont donné de prife fur eus à tous ceus qui fe font voulu mefler de les cenfurer, & le peu de preiudice qu'en a receu leur reputation, ne croiant pas qu'il foit befoin fur cela de groffir dauantage ce difcours.

Ie ne veus pas auffi qu'on m'impute comme à Protogene d'auoir tenu trop long-temps la main fur ce petit tableau. Si ce que i'y ai reprefenté peut eftre de quelque inftruction à ceus qui font vne eftude particuliere de ce qui doit feruir à la perfection de noftre Eloquence Françoife, i'aurai obtenu la fin que ie m'eftois propofée. Cela n'empefchera pas, que ceus qui ont affez de

O

naturel, & d'acquis, pour former le corps d'vne Rhetorique entiere, ne le facent quand il leur plaira au profit & à la gloire de noſtre Nation. Auguſte écriuit en riant à Horace, que les petits liures dont il lui faiſoit preſent, témoignoient aſſez qu'il auoit peur d'en faire de plus grands qu'il n'eſtoit. C'eſtoient des termes de gauſſerie d'vn Empereur, ſur la petite taille d'vn Poëte qu'il honoroit de ſes bonnes graces. I'en tire pourtant vne leçon ſerieuſe, qui m'apprent qu'eſtant petit en toutes façons, mais principalement en ſuffiſance, il n'eſt pas à propos que ie me charge de grands trauaus. Que s'il y en a qui trouuent que ie n'ai pas laiſſé d'entreprendre beaucoup au delà de mes forces, & que i'ai eſté trop temeraire de parler d'vne faculté

Suet. in Horat. vita.

que ie ne possede pas. Ie les supplie de se souuenir des raisons que i'ai fait preceder mon entreprise; de donner la mesme faueur aus diuertissemens d'autrui qu'ils demandent pour les leurs; & en tout cas de considerer qu'il n'est pas impossible que les moindres hommes ne seruét quelquefois aus plus grands, veu que quand il a pleu à Dieu les Asnes mesmes ont bien instruit les Prophetes.

Fautes suruenuës en l'impression.

Page 35. ligne 5. & 6. *lisez* d'espouser des sentimens. p. 50. l. 3. *lisez*, par fois. p. 100. *en la marge, lisez* rasis. p. 104. l. 1. *lisez*, de tout ce qu'ils disent. p. 128. l. 2. *lisez*, i'auouë aussi. p. 169. l. 13. *lisez*, d'autre costé, & *ostez la virgule apres possible dans la ligne qui suit.* p. 200. l. 6. en, *lisez* &.

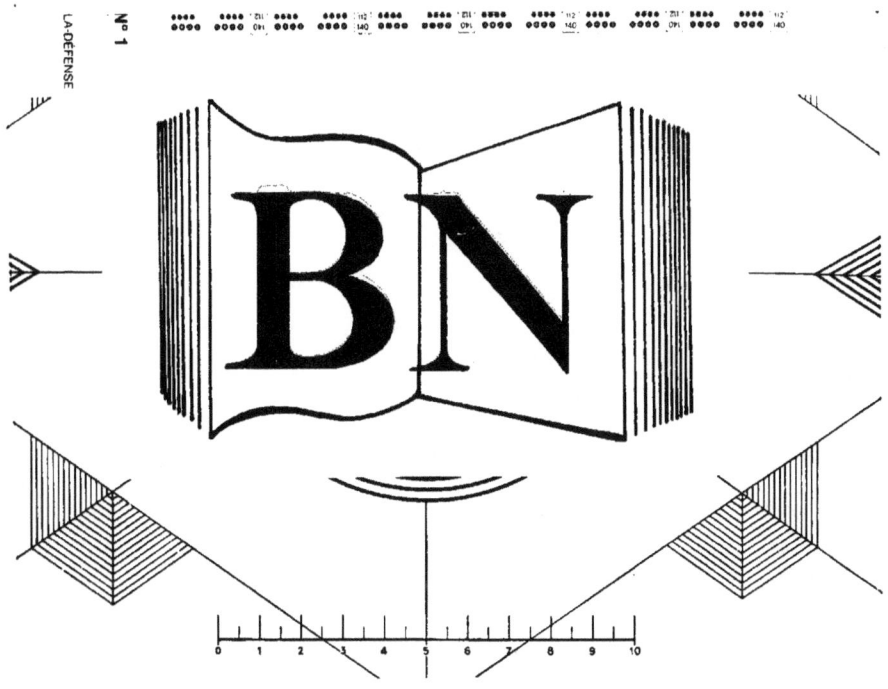

www.ingramcontent.com/pod-product-compliance
Lightning Source LLC
Chambersburg PA
CBHW062001180426
43198CB00036B/1929